KB217730

SERMON

ONE VERSE

MAC BIBLE ATRIAL HAND BOOK

한절
설교

SBI 문맥성경 섬빙핸드북

추천사

김 의 원 박사
전 총신대학교 총장

하나님 말씀을 전하는 설교자는 성경을 통하여 말씀을 전해야 합니다. 말씀의 밭에서 말씀의 양식을 캐내어 전해야 합니다. 이것이 바로 설교자의 본분입니다.

그러기 위해서 설교자는 하나님의 말씀인 성경 본문을 심도 있게 묵상하는 것이 필요합니다. 첫째, 말씀의 문장 구조를 이해해야 합니다. 성경은 하나님의 뜻을 사람의 글로 전하는 통로입니다. 그래서 글로 기록된 하나님의 말씀에서 문장의 구조를 보는 것은 아주 중요한 절차입니다. 둘째, 말씀 안에서 문장과 단어들의 상관관계를 잘 따져 보아야 정확히 파악할 수 있습니다. 셋째, 전후 문맥과 단어의 뜻을 풀어서 정확한 말씀을 이해해야 합니다. 이렇게 하면 기록된 말씀을 통해서 하나님의 뜻을 바르게 전하는 설교자가 될 것입니다.

이번에 서울성경연구원(SBI)에서 출간한 《한절설교》SBI문맥성경 심방핸드북은 설교자가 하나님의 말씀을 전하는 데 아주 유익한 참고서가 될 것입니다. 여러 상황의 성도들에게 하나님의 말씀(뜻)을 올바로 전하는 능력 있는 설교 지침서가 될 것입니다.

기대하는 마음으로 본서를 추천합니다.

감수사

배 동 한 목사
서울성경연구원 대표
SBI문맥성경 저자

 본서는 서울성경연구원(SBI)의 문맥성경을 활용하여 말씀을 준비하는 것을 원칙으로 합니다. 문맥성경을 연구하여 말씀을 전하는 방식입니다. 서울성경연구원의 여러 간사님들이 현장에서 경험한 말씀들이 수록되어 있습니다.

 본서에 기록된 설교 개요(뼈대)의 방법은 먼저, 문맥성경의 문장 구조를 보고 그 문장 구조에서 설교 개요를 작성하는 방법입니다. 이렇게 하면 성경에서 설교 개요를 쉽게 발견할 수 있습니다.

 모든 설교개요들이 같은 방식으로 만든 것이라 반복적인 방식을 만나볼 수 있습니다. 그래서 사용자가 문장 구조를 통해 설교개요를 만들어낼 수 있도록 도움(반복학습)을 받을 수 있습니다. 특히 본문에 선별된 말씀들은 협업에 참여한 연구자들이 먼저 현장에서 경험하고 입증하였습니다.

 본서를 사용하는 설교자는
*원문의 정확한 의미를 이해할 수 있게 됩니다.
*본문의 주제(내용과 구조)를 쉽고 정확하게 파악하게 됩니다.
*설교의 대지(뼈대)를 명확하게 보여줍니다.

 이렇게 말씀연구자들이 본서를 반복 학습하면 각각의 말씀들이 하나의 공식을 가지고 있음을 발견하고, 그 공식에 익숙해질 것이라 생각합니다.

출간사

박종원 목사
MBA(문맥바이블아카데미) 원장

《한절설교》SBI문맥성경 심방핸드북을 출판하게 되어 하나님께 영광 돌립니다.

지금은 언택트(Untact), 비대면 시대입니다. 이것이 교회와 설교 강단의 위기입니다. 성도를 만날 수 없는데 어떻게 설교를 하겠습니까? 그러나 우리의 말씀사역은 멈출 수 없는 지상 과제입니다. 멈출 수 없다면 다른 방도를 찾아야 합니다. 언제부터인가 목회현장에서 심방(말씀선포)이 사라져 가고 있습니다. 목회적 돌봄의 가장 최전선이었던 심방(말씀선포)은 목회의 본질이라 생각합니다. 이제 목회의 본질로 돌아가야 합니다. 본서는 그 본질의 바탕을 하나님의 말씀에 두었습니다. 본서를 접하는 설교자들이 심방(말씀선포)에 대한 열정이 되살아나길 소망하면서 또한 한국교회의 말씀 부흥을 꿈꾸며 기쁜 마음으로 책을 출판합니다.

김의원 박사님과 배동한 목사님 그리고 연구원 간사님들과 MBA 스텝진 및 모든 동역자들에게 감사를 드리며 주의 평강이 함께 하시길 기원합니다.

머리말

《한절설교》 SBI문맥성경 심방핸드북은 문맥성경을 활용한 설교의 결정체로 5분 설교, 새벽 설교, 심방 설교 때에 쉽고 간단하게 설교할 수 있는 성경 한 절을 가지고 이렇게 설교할 수 있다는 예를 들어 100절을 만들었습니다. 본서는 문맥성경을 볼 수(활용) 있다면 더욱 쉽게 사용할 수 있지만 문맥성경을 모르시는 분들도 조금만 들여다보면 쉽게 사용할 수 있도록 만들었습니다.

문맥성경은 구문(헬라어)을 분석하여 표현한 성경으로 1989년부터 서울성경연구원(SBI)이 만들기 시작했고 발전시켜 현재는 신약성경과 구약성경의 모세오경, 역사서, 시가서(근간)를 출간하고 조만간 문맥성경 전권 출판을 앞두고 있습니다.

문맥성경을 활용하면 설교자의 연구와 묵상에 유용합니다.
 1. 성경 본문의 내용을 쉽고 정확하게 그리고 깊이 이해할 수 있다.
 2. 전체적인 맥락과 각 부분의 내용을 구조적으로 한 눈에 볼 수 있다.
 3. 한글 성경만으로는 오해하거나 잘 알 수 없는 원문의 정확한 의미와 논리의 구조를 확실하게 파악할 수 있다.
 4. 설교를 위한 본문의 주해 개요(뼈대/대지)를 쉽게 작성할 수 있다.
 5. 성경공부 교재(GBS)를 만들기 용이하며 본문의 내용을 함축적으로 포함하는 질문과 내용을 만들 수 있다.

위와 같은 문맥성경의 장점을 십분 살려 《한절설교》 SBI문맥성경 심방핸드북을 만들었습니다.
본서에서는 100개의 성경 한 절의 본문을 세 부분으로 나누어 연구했습니다.

첫째는 하나님(Q) 편으로 내용상 하나님, 예수님, 성령님에 관계된 내용들을 모았습니다.

둘째는 이웃(N) 편으로 본문의 내용이 이웃들과 공동체에 해당된 것들을 모았습니다.

셋째는 나 자신(I) 편으로, 자신의 신앙생활에 관련된 내용들을 모았습니다. 이것은 문맥설교의 대지잡기 방법 중 'QNI' 구조에 근거한 것으로 그 내용은 네이버 카페 '설교건축가'에 잘 설명되어 있습니다.

예를 들어 'Q-1' 이라는 것은 하나님 편의 첫 번째 구절이라는 뜻입니다. 성경본문은 《개역성경》에 따랐습니다. 문맥성경은 《개역개정》이 필요 없는 형태이기 때문입니다. 문맥성경 안에 《개역개정》의 의미가 내제되어 있고 성경연구기관은 직역을 선호하므로 저희는 《개역성경》을 그대로 사용하고 있습니다.

[문맥설교 틀]은 본문을 문맥성경으로 주해한 것으로서 설교강해 틀이라고 생각하시면 됩니다. 굳이 3대지를 고집하려고 애쓴 것은 아니고 자연스럽게 2대지 또는 3대지로 본문이 표현하는 방식을 그대로 적용하려고 노력했습니다.

설교자들은 이렇게 만들어진 [문맥설교 틀]을 보시고 자신만의 설교 방법으로 발전시켜 더 좋은 설교 원고를 얻을 수 있을 것입니다.

오른쪽 페이지의 [설교노트]에는 자신만의 노트를 만들 수 있도록 했습니다. 노트 하단에 있는 4개의 표제는 심방 상황에 맞게 활용하시면 됩니다.

> **심방주제:** 하나님의 사랑
> **성도상황:** 자신(목숨)을 소중히 여기지 않는 성도에게
> **찬 송 가:** 304장 (그 크신 하나님의~), 310장 (아 하나님의 은혜로)
> **C. C. M:** 하나님께서 세상을 사랑~, 당신은 사랑받기 위해 태어난~

주제와 상황, 찬송가와 찬양곡이 설교자의 생각과 맞지 않을 수 있습니다. 이것은 교회와 교단마다 상황이 다르기에 찬송가도 잘 부르는 곡이 있고

잘 부르지 않는 곡이 있기 때문에 목회자와 교회 상황에 맞게 충분히 바꿔서 활용하시면 됩니다.

본서에 수록된 한절 설교 100절은 SBI(서울성경연구원)의 간사들이 참여해 만든 것입니다. 지면을 통해 연구원 간사님들의 노고에 깊은 감사를 드리며 한국교회에 본서가 다시 한 번 말씀의 부흥에 불씨를 당기는 역할이 되길 바랍니다.

좀 더 자세한 안내와 문의 그리고 문맥 세미나에 대해서 궁금하시다면 연구원 홈페이지 www.sbi66.org 또는 네이버 카페 '설교 건축가'를 방문하시거나 유튜브 채널 'mba 티브이'를 검색하시면 됩니다.

대표 저자
박종원 목사

샘플 왼쪽 페이지

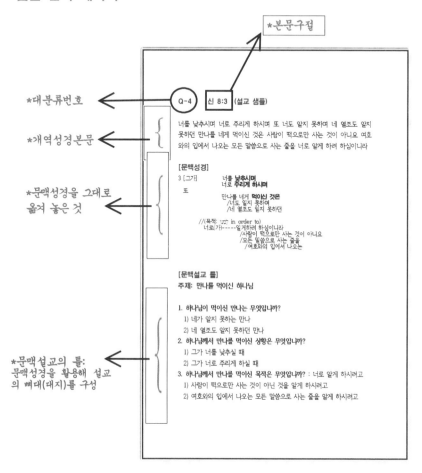

*본문구절

*대분류번호

Q-4 신 8:3 (설교 샘플)

*개역성경본문

너를 낮추시며 너로 주리게 하시며 또 너도 알지 못하며 네 열조도 알지 못하던 만나를 네게 먹이신 것은 사람이 떡으로만 사는 것이 아니요 여호와의 입에서 나오는 모든 말씀으로 사는 줄을 너로 알게 하려 하심이니라

[문맥성경]

3 [그개]   너를 낮추시며
           너로 주리게 하시며
       또
           만나를 네게 먹이신 것은
               /너도 알지 못하며
               /네 열조도 알지 못하던
    //(목적: ʊʊ̌ in order to)
       너로(가)-----일게하려 하심이니라
               /사람이 떡으로만 사는 것이 아니요
               /모든 말씀으로 사는 줄을
               /여호와의 입에서 나오는

*문맥성경을 그대로 옮겨 놓은 것

[문맥설교 틀]
주제: 만나를 먹이신 하나님

1. 하나님이 먹이신 만나는 무엇입니까?
   1) 네가 알지 못하는 만나
   2) 네 열조도 알지 못하던 만나
2. 하나님께서 만나를 먹이신 상황은 무엇입니까?
   1) 그가 너를 낮추실 때
   2) 그가 너로 주리게 하실 때
3. 하나님께서 만나를 먹이신 목적은 무엇입니까? : 너로 알게 하시려고
   1) 사람이 떡으로만 사는 것이 아닌 것을 알게 하시려고
   2) 여호와의 입에서 나오는 모든 말씀으로 사는 줄을 알게 하시려고

*문맥설교의 틀: 문맥성경을 활용해 설교의 뼈대(대지)를 구성

8

샘플 오른쪽 페이지

[설교노트]   PAGE/
                             DATE/
_____
_____
_____
_____
_____
_____
_____
_____
_____
_____
_____
_____

심방주제: 공급하시는 하나님
성도상황: 사람이 떡으로만 사는 것이 아닌 것을 모르는 성도에게
찬 송 가: 430장 (주와 같이 길 가는 것), 543장 (어려운 일 당할 때)
C. C. M: 내 평생 사는 동안. 전능하신 나의 주 하나님은

설교노트: 문맥설교 틀을 활용해서 자신만의 설교를 만들어 적을 수 있는 공간

PAGE:자신만의 페이지를 관리

DATE:날짜를 적어 넣어 관리

심방주제: 말씀을 심방의 주제에 맞게

성도상황: 여러 가지 상황에 놓여 있는 성도들의 상황들

찬송가: 심방 때 부를 찬송가 2편

C.C.M: 심방 때 부를 찬양 2편

설교노트 샘플
제목: 깨닫게 하심 / Q-4 / 본문: 신 8:3

우리는 인생을 살면서 여러 가지 상황을 만납니다. 오늘 말씀에 하나님께서 만드신 성도의 세 가지 상황이 나옵니다.

첫째, 낮추시는 상황 높고 존귀한 존재가 아니고 천한 존재로 대접받게 하시는 상황입니다. 사람들에게 무시 받고, 짓밟히고, 멸시받는 상황에 빠지게 합니다. 인정받지 못하고 비난받고 천대받는 상황을 만나게 하십니다. 이런 상황이 나의 삶에 있을 수 있습니다.

둘째, 주리게 하시는 상황 생활이 곤핍한 상황입니다. 돈이 없거나, 먹을 것이 부족한 상황, 경제적인 공황을 만나 절대적인 빈곤에 처하는 상황입니다. 보통 사람들이 겪지 않는 상황을 만납니다. 이런 상황이 나의 삶에 있을 수 있습니다.

셋째, 만나로 먹이시는 상황. 만나는 이스라엘 백성이 광야 생활 가운데 매일 밤 하늘에서 이슬처럼 내린 음식입니다. 일상적인 양식이 아닌 기적적인 사건으로 받은 음식입니다. 하나님의 방법으로 먹이신 음식입니다. 위의 두가지 상황은 광야같은 상황일 수 있습니다. 그런데 이 모든 문제를 해결해 주시는 하나님께서 먹여 주시는, 해결해 주시는 상황이 있습니다. 이런 상황이 나의 삶에 있을 수 있습니다.

오늘 본문은 이 세가지 상황을 통해 성도를 깨닫게 하게 위함입니다. 그 깨달음은 "사람이 사는 것이 떡으로만 사는 것이 아니요, 여호와의 입에서 나오는 모든 말씀으로 사는 줄을 알게 하려 하심이라" 입니다. 사람은 육의 양식으로만 사는 것이 아니라 영의 양식인 하나님의 말씀으로 사는 것임을 알아야 합니다. 성도가 살면서 제일 먼저 깨달아야 하는 것은 바로 성도는 하나님의 말씀을 붙잡고 살아야 한다는 것입니다. 우리가 인생을 살면서 만나는 모든 상황(문제)는 우리가 말씀을 통하여 하나님께 가까이 가게 하는 통로임을 깨달아야 합니다. 이후의 삶에서도 우리의 상황(문제)들을 통해서 하나님을 만나는, 그래서 우리의 삶의 문제들을 해결받고 깨닫게 되는 우리 모두가 되기를 주님의 이름으로 축복합니다.

목 차

12

제4부 : 부 록 / 221

제1부

하나님 편

Q-1   요 3:16

하나님이 세상을 이처럼 사랑하사 독생자를 주셨으니 이는 저를 믿는 자마다 멸망치 않고 영생을 얻게 하려 하심이니라

[문맥성경]

16 // (이유: γάρ, for)
    하나님이   **사랑하사**
                 /세상을
                 /이처럼

    // (결과: w{ste, that)
      [그가]---주셨으니
            /독생자를

    //이는(목적: i{na, that...may)
      자마다---멸망치 않고
      /믿는   얻게 하려 하심이니라
      /저를   /영생을

[문맥설교 틀]

주제: **하나님의 사랑**

1. 하나님께서 무엇을 사랑하셨습니까?
   : 세상을 사랑하셨습니다.
2. 하나님께서 세상을 사랑하신 목적은 무엇입니까?
   1) 저를 믿는 자마다 멸망치 않게 하시려고
   2) 저를 믿는 자마다 영생을 얻게 하시려고
3. 하나님께서 세상을 사랑한 결과는 무엇입니까?
   : 독생자를 주셨습니다.

심방주제: 하나님의 사랑

성도상황: 자신(목숨)을 소중히 여기지 않는 성도에게

찬 송 가: 304장 (그 크신 하나님의~), 310장 (아 하나님의 은혜로)

C. C. M: 하나님께서 세상을 사랑~, 당신은 사랑받기 위해 태어난~

Q-2   수 1:7

오직 너는 마음을 강하게 하고 극히 담대히 하여 나의 종 모세가 네게 명한 율법을 다 지켜 행하고 좌로나 우로나 치우치지 말라 그리하면 어디로 가든지 형통하리니

[문맥성경]
　7 /너는┬오직 **마음을 강하게 하고**
　　　　└극히 **담대히 하여**

　　//(목적: ?, to)
　　　다 지켜 행하고
　　　/나의 종 모세가 네게 명한 율법을

　　[너는]----**치우치지 말라**
　　　　/좌로나 우로나

　　//그리하면(결과)
　　　[네가]---형통하리니
　　　　/어디로 가든지

[문맥설교 틀]
주제: **형통의 법칙**

1. 형통의 법칙 3가지는 무엇입니까?
　1) 오직 마음을 강하게 하라
　2) 극히 담대히 하라
　3) 좌로나 우로나 치우지지 마라

2. 형통의 법칙의 목적은 무엇입니까?
　: 나의 종 모세가 네게 명한 율법을 다 지켜 행하기 위해

3. 형통의 법칙을 다 지켜 행한 결과는 무엇입니까?
　: 네가 어디로 가든지 형통하리라

심방주제: 하나님의 형통

성도상황: 형통을 원하는 성도에게, 새롭게 리더가 된 성도에게

찬 송 가: 524장 (갈 길을 밝히 보이시니), 352장 (십자가 군병들아)

C. C. M: 아무것도 두려워 말라, 내가 주인 삼은 모든 것

Q-3   마 6:33

너희는 먼저 그의 나라와 그의 의를 구하라 그리하면 이 모든 것을 너희에게 더하시리라

[문맥성경]

33 너희는————**구하라(=찾으라)**
                    /그의 나라와
                    /그의 의를
                    /먼저

        //그리하면(결과: 명령문, and)
          이것을(=이)—————더하시리라
          /모든   /너희에게

[문맥설교 틀]

주제: **성도가 먼저 구해야(찾아야) 하는 것**

1. 하나님의 나라를 먼저 찾으라

2. 하나님의 뜻을 먼저 찾으라

3. 먼저 찾은 결과는 무엇입니까?
 : 그리하면 이 모든 것을 너희에게 더하신다

심방주제: 하나님 나라
성도상황: 내가 먼저이고 세상 것을 먼저 구하는 성도에게
찬 송 가: 208장 (내 주의 나라와), 550장 (시온의 영광이 빛나는~)
C. C. M: 너희는 먼저 그 나라와 의를, 나의 안에 거하라

Q-4 　신 8:3 　(설교 샘플)

너를 낮추시며 너로 주리게 하시며 또 너도 알지 못하며 네 열조도 알지 못하던 만나를 네게 먹이신 것은 사람이 떡으로만 사는 것이 아니요 여호와의 입에서 나오는 모든 말씀으로 사는 줄을 너로 알게 하려 하심이니라

[문맥성경]

3 [그가] 　　　　　 너를 **낮추시며**
　　　　　　　　　 너로 **주리게 하시며**
　　또

　　　　　　　　 만나를 네게 **먹이신 것은**
　　　　　　　　　 /너도 알지 못하며
　　　　　　　　　 /네 열조도 알지 못하던

　　　　//(목적: לְמַעַן in order to)
　　　　　너로(가)-----알게 하려 하심이니라
　　　　　　　　　　 /사람이 떡으로만 사는 것이 아니요
　　　　　　　　　　 /모든 말씀으로 사는 줄을
　　　　　　　　　　　 /여호와의 입에서 나오는

[문맥설교 틀]

주제: **만나를 먹이신 하나님**

1. **하나님이 먹이신 만나는 무엇입니까?**
　1) 네가 알지 못하는 만나
　2) 네 열조도 알지 못하던 만나
2. **하나님께서 만나를 먹이신 상황은 무엇입니까?**
　1) 그가 너를 낮추실 때
　2) 그가 너로 주리게 하실 때
3. **하나님께서 만나를 먹이신 목적은 무엇입니까? : 너로 알게 하시려고**
　1) 사람이 떡으로만 사는 것이 아닌 것을 알게 하시려고
　2) 여호와의 입에서 나오는 모든 말씀으로 사는 줄을 알게 하시려고

심방주제: 공급하시는 하나님

성도상황: 사람이 떡으로만 사는 것이 아닌 것을 모르는 성도에게

찬 송 가: 430장 (주와 같이 길 가는 것), 543장 (어려운 일 당할 때)

C. C. M: 내 평생 사는 동안, 전능하신 나의 주 하나님은

여호와를 대적하는 자는 산산이 깨어질 것이라 하늘 우뢰로 그들을 치시리로다 여호와께서 땅 끝까지 심판을 베푸시고 자기 왕에게 힘을 주시며 자기의 기름 부음을 받은 자의 뿔을 높이시리로다 하니라

[문맥성경]

10 대적하는 자는--**산산이 깨어질 것이라**
      /여호와를

　　[그가]----------**치시리로다**
　　　　　　　　/하늘 우레로
　　　　　　　　/그들을
　　여호와께서-----**심판을 베푸시고**
　　　　　　　　/땅 끝까지
　　　　　　　　힘을 주시며
　　　　　　　　/자기 왕에게
　　　　　　　　뿔을 높이시리로다 (하니라)
　　　　　　　　/자기의 기름 부음을 받은 자의

[문맥설교 틀]

주제: **여호와의 전쟁**

1. 여호와를 대적하는 자가 당할 벌은 무엇입니까?
　1) 산산이 깨어질 것이다
　2) 하늘 우레로 치신다
　3) 땅 끝까지 심판을 베푸신다

2. 여호와의 편에 선 자에게 주실 복은 무엇입니까?
　1) 자기 왕에게 힘을 주신다
　2) 자기의 기름부음을 받은 자의 뿔을 높이신다

심방주제: 전쟁에 능하신 하나님
성도상황: 전쟁에 능하신 하나님을 모르는 성도에게
찬 송 가: 348장(마귀들과 싸울지라), 353장(십자가 군병 되어서)
C. C. M: 문들아 머리 들어라, 세상의 유혹 시험이

Q-6   마 20:28

인자가 온 것은 섬김을 받으려 함이 아니라 도리어 섬기려 하고 자기 목숨
을 많은 사람의 대속물로 주려 함이니라

[문맥성경]

28 /인자가 ────── **온 것은(=온 것처럼)**
            /섬김을 받으려 함이 아니라
            /도리어 섬기려 하고
            주려 함이니라
              /자기 목숨을
              /대속물로
                /많은 사람의

[문맥설교 틀]

주제: 인자가 온 것은

1. 인자는 섬김을 받으러 오시지 않으셨습니다.

2. 인자는 도리어 섬기러 오셨습니다.

3. 인자는 주려고 오셨습니다.
 1) 자기 목숨을 주려고 오셨습니다
 2) 많은 사람의 대속물로 주려고 오셨습니다

심방주제: 인자가 오신 이유

성도상황: 인자가 오신 이유를 모르는 성도들에게

찬 송 가: 93장(예수는 나의 힘~), 528장(예수가 우리를 부르는 소리)

C. C. M: 섬김의 주, 주가 일하시네

Q-7   마 11:12

세례 요한의 때부터 지금까지 천국은 침노를 당하나니 침노하는 자는
빼앗느니라

[문맥성경]

12 천국은   **침노를 당하나니**
                /세례 요한의 때부터
                /지금까지

     침노하는 자는   **빼앗느니라**

[문맥설고 틀]

주제: **침노를 당하는 천국**

1. 천국은 언제부터 침노를 당했나요?

   : 세례 요한의 때부터

2. 천국은 언제까지 침노를 당하나요?

   : 지금까지 당하고 있다

3. 침노한 결과는 무엇인가요?

   : 침노한 자는 천국을 빼앗게 된다

심방주제: 천국을 소유하는 삶
성도상황: 천국에 대해 소망하는 성도에게
찬 송 가: 180장(하나님의 나팔 소리), 491장(저 높은 곳을 향하여)
C. C. M: 오 이 기쁨, 천국은 마치

이러므로 우리가 하나님께 쉬지 않고 감사함은 너희가 우리에게 들은바 하나님의 말씀을 받을 때에 사람의 말로 아니하고 하나님의 말씀으로 받음이니 진실로 그러하다 이 말씀이 또한 너희 믿는 자 속에서 역사하느니라

[문맥성경]
13 이러므로(διά τοῦτο)
　　우리가　　　**감사함은**
　　　　　　　/하나님께
　　　　　　　/쉬지 않고
　　　　　　　/너희가————받을 때에(when, 상황절)
　　　　　　　　　　　　/말씀을
　　　　　　　　　　　/하나님의
　　　　　　　　　　/우리에게 들은 바
　　　　　————받음이니
　　　　　　　　/사람의 말로 아니하고
　　　　　　　　하나님의 말씀으로
　　　　　　　　/진실로 그러하다

　　　　　　　/이 말씀이———역사하느니라
　　　　　　　　　　　/또한 너희 속에서
　　　　　　　　　　/믿는(자)

[문맥설교 틀]
주제: 하나님께 감사
1. 어떻게 하나님께 감사합니까? : 쉬지 않고

2. 언제 하나님께 감사합니까?
 1) 우리에게 들은 바 하나님의 말씀을 받을 때에
 2) 사람의 말로 아니하고 진실로 그러하다며 하나님의 말씀으로 받을 때에

3. 하나님의 말씀을 받은 결과는 무엇입니까?
 : 이 말씀이 또한 성도 안에서 역사하느니라

_____

_____

_____

_____

_____

_____

_____

_____

_____

_____

_____

_____

_____

_____

_____

_____

_____

심방주제: 말씀과 감사

성도상황: 말씀에 대한 감사가 부족한 성도에게

찬 송 가: 428장(내 영혼에 햇빛 비치니), 438장(내 영혼이 은총 입어)

C. C. M: 감사해요 주님의 사랑, 날 구원하신 주 감사

Q-9   시 138:7

내가 환난 중에 다닐지라도 주께서 나를 소성케 하시고 주의 손을 펴사 내
원수들의 노를 막으시며 주의 오른손이 나를 구원하시리이다.

[문맥성경]

7//(이유, 계속)
   [비록]
   내가─────환난 중에 다닐지라도(though)
   주께서────**나를 소성케 하시고**
        ────**주의 손을 펴사**
           /노를 막으시며
            /내 원수들의

  오른손이───**나를 구원하시리이다**
   /주의

[문맥설교 틀]

주제: **주의 손을 펴시는 하나님**

1. 언제 주께서 손을 펴십니까?
  : 내가 환난 중에 다닐 때

2. 주께서 손을 펴서 하신 일은 무엇입니까?
  1) 주께서 내 원수들의 분노를 막으심
  2) 주께서 나를 살아나게 하심
  3) 주의 오른손이 나를 구원하심

심방주제: 하나님의 보호
성도상황: 환란과 고난 중에 있는 성도에게
찬 송 가: 336장 (환난과 핍박 중에도), 382장 (너 근심걱정 말아라)
C. C. M: 주가 일하시네, 하나님은 우리의 피난처가 되시며

Q-10 　 막 1:15

가라사대 때가 찼고 하나님 나라가 가까왔으니 회개하고 복음을 믿으라
하시더라

[문맥성경]

```
15 　때가 ─────찼고
　　　나라가─────가까왔으니
　　　/하나님
　　　[너희는]────회개하고
　　　─────믿으라
　　　　　　　/복음을
```


[문맥설고 틀]

주제: 하나님 나라가 가까이 왔다.

1. 하나님 나라가 가까이 온 상황은 무엇입니까?

　: 때가 찼을 때

2. 하나님의 나라가 가까이 왔을 때 할 일은 무엇입니까?

　1) 회개하기
　2) 복음을 믿어야 함

[설교노트]

PAGE/

DATE/

심방주제: 하나님 나라 (때)

성도상황: 회개하지 않는 성도에게 (불신자, 초신자)

찬 송 가: 488장(이 몸의 소망 무언가), 492장(잠시 세상에 내가 살~)

C. C. M: 빛을 들고 세상으로, 오 신실하신 주

35

Q-11   요 4:24

하나님은 영이시니 예배하는 자가 신령과 진정으로 예배할지니라

[문맥성경]

```
24 하나님은-----영이시니
   예배하는 자가--예배할지니라
      /[그를]              /신령과(=영과)
                          진정으로(=진리로)
```

[문맥설교 틀]

주제: **하나님께 예배를 드리자**

1. 하나님께 어떻게 예배를 드려야 합니까?
   1) 신령으로 예배를 드려야 함
   2) 진정으로 예배를 드려야 함

2. 하나님께 신령과 진정으로 예배를 드려야 하는 이유는 무엇입니까?
   : 하나님은 영이시기 때문

_____

_____

_____

_____

_____

_____

_____

_____

_____

_____

_____

_____

_____

_____

_____

_____

_____

_____

_____

심방주제: 예배의 방법

성도상황: 예배를 어떻게 드려야 하는지 모르는 성도에게

찬 송 가: 455장(주님의 마음을 본~), 40장(찬송으로 보답할 수 ~)

C. C. M: 나는 예배자입니다, 예배자

Q-12   시 23:6

나의 평생에 선하심과 인자하심이 정녕 나를 따르리니 내가 여호와의 집에
영원히 거하리로다

[문맥성경]

```
6 선하심과 ┐
  인자하심이 ┴──나를 따르리니(=뒤에 있다)
              /나의 평생에
              /정녕

      내가        거하리로다
              /여호와의 집에
              /영원히
```


[문맥설고 틀]

주제: 선하심과 인자하심이 내 뒤에 있다(보호자 되신다)

1. 선하심과 인자하심이 언제 나의 보호자가 되십니까?
  : 내 평생에 보호자가 되심

2. 선하심과 인자하심이 어떻게 나의 보호자가 되십니까?
  : 정녕(확실히, 분명히) 보호자가 되심

3. 선하심과 인자하심이 나의 보호자가 되신 결과는 무엇입니까?
 1) 내가 여호와의 집에 거하게 됨
 2) 내가 영원히 거하게 됨

심방주제: 주님은 나의 보호자

성도상황: 백일, 돌 예배 등 축하가 필요한 성도에게

찬 송 가: 570장(주는 나를 기르시는~), 430장(주와 같이 길 가는 것)

C. C. M: 하나님은 너를 지키시는 자, 주의 사랑을 주의 선하심을

Q-13   벧전 5:10

모든 은혜의 하나님 곧 그리스도 안에서 너희를 부르사 자기의 영원한 영광에 들어가게 하신 이가 잠깐 고난을 받은 너희를 친히 온전케 하시며 굳게 하시며 강하게 하시며 터를 견고케 하시리라

[문맥성경]

```
10 [너희가]           고난을 받은[후에] (상황절, after)
                      /잠깐
   하나님             온전케 하시며
   /은혜의            굳게 하시며
   /모든              강하게 하시며
   /(곧)부르사(=신)   터를 견고케 하시리라
   /너희를                /(너희를)
   /그리스도 안에서
   /영광에 들어가게 하신 이가(=영광을 위해)
   /자기의
   /영원한
   /친히(=그가)
```

[문맥설교 틀]
주제 : **견고케 하시는 하나님**

1. **견고케 하시는 하나님은 누구십니까?**
 : 곧 그리스도 안에서 너희를 부르사 자기의 영원한 영광에 들어가게 하신 분
2. **누가 견고케 하십니까?** : 모든 은혜의 하나님께서 견고케 하심
3. **언제 견고케 하십니까?** : 잠깐 고난을 받은 후에 견고케 하심
4. **어떻게 견고케 하십니까?**
  1) 온전케 하심으로
  2) 굳게 하심으로
  3) 강하게 하심으로

심방주제: 견고케 하시는 하나님
성도상황: 잠깐 고난 받는 성도에게
찬 송 가: 337장(내 모든 시험 무거운 짐), 382장(너 근심 걱정 말아라)
C. C. M: 그럼에도 불구하고, 반드시 내가 축복하리라

Q-14   히 4:12

하나님의 말씀은 살았고 운동력이 있어 좌우에 날선 어떤 검보다도 예리하여 혼과 영과 및 관절과 골수를 찔러 쪼개기까지 하며 또 마음의 생각과 뜻을 감찰하나니

[문맥성경]

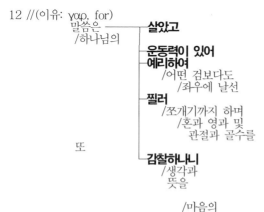

12 //(이유: γαρ, for)
말씀은 ──── **살았고**
/하나님의
　　　　　　　운동력이 있어
　　　　　　　예리하여
　　　　　　　　/어떤 검보다도
　　　　　　　　　/좌우에 날선
　　　　　　　찔러
　　　　　　　　/쪼개기까지 하며
　　　　　　　　　/혼과 영과 및
　　　　　　　　　　관절과 골수를
　　　　또
　　　　　　　감찰하나니
　　　　　　　　/생각과
　　　　　　　　뜻을
　　　　　　　　　/마음의

[문맥설교 틀]
주제: **하나님의 말씀**
1. 하나님의 말씀은 살았다
2. 하나님의 말씀은 운동력이 있다
3. 하나님의 말씀은 예리하다
 1) 좌우에 날선 어떤 검보다도
4. 하나님의 말씀은 찌른다
 1) 혼과 영과 및 관절과 골수를 쪼개기까지 하며
5. 하나님의 말씀은 감찰하신다
 1) 마음의 생각과 뜻을

심방주제: 하나님의 말씀

성도상황: 하나님의 말씀 앞에 올바로 서지 못하는 성도에게

찬 송 가: 200장(달고 오묘한 그 말~), 546장(주의 약속하신 말씀 위~)

C. C. M: 주님 말씀하시면, 주의 말씀은

Q-15   딛 3:5

우리를 구원하시되 우리의 행한 바 의로운 행위로 말미암지 아니하고 오직
그의 긍휼하심을 따라 중생의 씻음과 성령의 새롭게 하심으로 하셨나니

[문맥성경]

5 [그가]   **구원하시되...하셨나니**
                  /우리를
                  /행위로 말미암지 아니하고
                      /의로운
                      /우리의 행한 바
                  오직 긍휼하심을 좇아
                      /그의
                  /씻음과
                      /중생의
                  새롭게 하심으로
                      /성령의

[문맥설교 틀]

주제: 우리를 구원하시는 방법

1. 우리의 행한바 의로운 행위로 말미암지 아니하면서 구원하심
2. 그의 오직 긍휼하심을 좇아서 구원하심
3. 중생의 씻음으로 구원하심
4. 성령의 새롭게 하심으로 구원하심

[설교노트]

PAGE/

DATE/

심방주제: 구원

성도상황: 구원의 확신이 없는 성도에게

찬 송 가: 197장(은혜가 풍성한 하나님은), 438장(내 영혼이 은총 입어)

C. C. M: 은혜 아니면 살아갈 수 없네, 구원 하심

Q-16   갈 6:7

스스로 속이지 말라 하나님은 만홀히 여김을 받지 아니하시나니 사람이 무엇으로 심든지 그대로 거두리라

[문맥성경]

7 [너희는]   **스스로 속이지 말라**
  하나님은   **만홀히 여김을 받지 아니하시나니**

            //(이유: γαρ, for)
               사람이 무엇으로 심든지
            [그는] ———— 거두리라
                           /그대로

[문맥설교 틀]

주제: **하나님은 만홀히 여김을(업신여김) 받지 않으신다**

1. 하나님은 왜 업신여김을 받지 않으십니까?

  : 그는 사람이 무엇으로 심든지 그대로 거두기 때문

2. 하나님을 업신여기지 않는 방법은 무엇입니까?

  : 너희는 스스로 속이지 말라

[설교노트]

심방주제: 하나님의 성품 (공의)

성도상황: 하나님에 대해 오해하는, 자신을 속이는 성도에게

찬 송 가: 305장(나 같은 죄인 살리신), 538장(죄 짐을 지고서 곤~)

C. C. M: 원하고 바라고 기도합니다, 선한 능력으로

Q-17   출 19:5

세계가 다 내게 속하였나니 너희가 내 말을 잘 듣고 내 언약을 지키면 너희는 열국 중에서 내 소유가 되겠고

[문맥성경]

5 세계가 다 내게 속하였나니
  [만일]
  너희가   내 말을 잘 듣고
               내 언약을 지키면(if)
  너희는   **내 소유가 되겠고**
               /열국 중에서

[문맥설교 틀]

주제: **하나님의 소유가 될 백성**

1. 어디에서 하나님의 소유가 됩니까?
 : 열국 중에서 하나님의 소유가 됨

2. 하나님의 소유가 되는 조건은 무엇입니까?
 1) 만일 우리가 하나님의 말을 잘 듣는다면
 2) 만일 우리가 하나님의 언약을 지킨다면

3. 하나님의 소유가 될 수 있는 이유는 무엇입니까?
 : 세계가 다 하나님께 속하였기 때문

심방주제: 하나님의 백성

성도상황: 자신이 하나님의 소유된 백성임을 모르는 성도에게

찬 송 가: 317장(내 주 예수 주신~), 493장(나 이제 주님의 새 생명~)

C. C. M: 너는 택한 족속이요, 너는 내 아들이라

Q-18   고후 9:8

하나님이 능히 모든 은혜를 너희에게 넘치게 하시나니 이는 너희로 모든
일에 항상 모든 것이 넉넉하여 모든 착한 일을 넘치게 하게 하려 하심이라

[문맥성경]

8 하나님이 **능히 넘치게 하시나니**
/은혜를
/모든
/너희에게

//이는(목적: ἵνα so that...may)
너희로---넘치게 하게 하려 하심이라
/일을
/모든
/착한
/넉넉하여(현재분사)
/모든 것이
/모든 일에
/항상

[문맥설교 틀]

주제: **능히 넘치게 하시는 하나님**

1. 무엇을 능히 넘치게 하십니까? : 모든 은혜를 능히 넘치게 하심

2. 누구에게 능히 넘치게 하십니까? : 너희(성도)에게 능히 넘치게 하심

3. 하나님이 능히 넘치게 하시는 목적은 무엇입니까?
   1) 너희로 모든 착한 일을 넘치게 하시려고
   2) 너희로 모든 일에 항상 모든 것이 넉넉하게 하시려고

심방주제: 은혜의 하나님

성도상황: 넘치는 은혜를 소망하는 성도에게

찬 송 가: 197장(은혜가 풍성한 하나님), 441장(은혜 구한 내게 은혜의)

C. C. M: 천년이 두 번 지나도, 하나님의 은혜

Q-19   막 11:17

이에 가르쳐 이르시되 기록된바 내 집은 만민의 기도하는 집이라 칭함을
받으리라고 하지 아니하였느냐 너희는 강도의 굴혈을 만들었도다. 하시매

[문맥성경]

```
17 이에
    [그가]        가르쳐
                 이르시되(...하시매)
                 /[그들에게]
                 /[그것이]──기록(된 바)하지 아니하였느냐?
                          /내 집은─── 칭함을 받으리라고
                                    /만민의 (=에게)
                                    /기도하는 집이라
            너희는──만들었도다
                  /굴혈을
                   /강도의
                  /[그것을]
```

[문맥설교 틀]

주제: 하나님의 집에 대한 가르침

1. 하나님의 집에 대해 기록 되었다.

　　기록내용: 내 집은 만민에게 기도하는 집이라 칭함을 받으리라

2. 하나님의 집에 대한 사람들의 잘못된 대우

　: 하나님의 집을 강도의 굴혈로 만들었음

심방주제: 하나님의 집 (교회)

성도상황: 교회는 하나님께 기도하는 집인 걸 모르는 성도에게

찬 송 가: 210장(시온성과 같은 교회), 452장(내 모든 소원 기도의~)

C. C. M: 이런 교회가 되게 하소서, 주를 위한 이곳에

Q-20　　신 32:10

여호와께서 그를 황무지에서, 짐승의 부르짖는 광야에서 만나시고 호위하
시며 보호하시며 자기 눈동자같이 지키셨도다

[문맥성경]

여호와께서　　　**만나시고**
　　　　　　　　/그를
　　　　　　　　/황무지에서,
　　　　　　　　/광야에서
　　　　　　　　　/짐승의 부르짖는
　　　　　　　　호위하시며
　　　　　　　　보호하시며
　　　　　　　　지키셨도다
　　　　　　　　/자기 눈동자같이

[문맥설고 틀]

주제: **우릴 만나 주시는 하나님**

1. **어디에서 만나 주십니까?**
 1) 황무지에서 만나주심
 2) 짐승이 부르짖는 광야에서 만나주심

2. **어떻게 만나 주십니까?**
 1) 호위하시며 만나 주심
 2) 보호하시면서 만나 주심

3. **만나주심의 결과는 무엇입니까?**
 1) 자기 눈동자같이 지키심

심방주제: 하나님과의 만남, 하나님의 보호

성도상황: 광야 같은 인생길에서 주님이 필요한 성도에게

찬 송 가: 242장(황무지가 장미꽃같이), 380장(나의 생명 되신 주)

C. C. M: 내 영혼은 안전합니다, 아무것도 두려워 말라

Q-21   히 12:2

믿음의 주요 또 온전케 하시는 이인 예수를 바라보자 저는 그 앞에 있는 즐거움을 위하여 십자가를 참으사 부끄러움을 개의치 아니하시더니 하나님 보좌 우편에 앉으셨느니라

[문맥성경]

```
2 <우리가>           바라보자
                      /예수를
                       /믿음의 주요
                        또 온전케 하시는 이인

                     /저는--참으사
                            /십자가를
                            /개의치 아니하시더니(분사)
                             /부끄러움을
                             /그 앞에 있는 즐거움을 위하여

                     --앉으셨느니라
                          /하나님 보좌 우편에
```

[문맥설고 틀]
주제: **예수를 바라보자**

1. 믿음의 주인 예수를 바라보자

2. 온전케 하시는 예수를 바라보자

3. 십자가를 참으신 예수를 바라보자

 1) 부끄러움을 개의치 아니하시고 참으심

 2) 그 앞에 있는 즐거움을 위하여 참으심

4. 하나님보좌 우편에 앉으신 예수를 바라보자

심방주제: 예수를 바라보자

성도상황: 예수를 바라보고 나가지 않는 성도에게

찬 송 가: 325장(예수가 함께 계시니), 391장(오 놀라운 구세주)

C. C. M: 주만 바라볼지라, 이와 같은 때엔

Q-22   요 4:23

아버지께 참으로 예배하는 자들은 신령과 진정으로 예배할 때가 오나니 곧
이 때라 아버지께서는 이렇게 자기에게 예배하는 자들을 찾으시느니라

[문맥성경]

```
 23 때가───────────오나니
    /예배하는 자들은──예배할
      /참으로          /아버지께
                       /신령과(=영과)
                        진정으로(=진리로)

    [그것은]─────────(곧)이 때라

          //(이유: γαρ, for)
            아버지께서는──찾으시느니라
                          /예배하는 자들을
                          /이렇게
                          /자기에게
```

[문맥설고 틀]

주제: **때가 온다**

1. 무슨 때가 옵니까?

: 참으로 예배하는 자들이 아버지께 신령과 진정으로 예배할 때가 옴

2. 그때는 언제 옵니까?

: 그때는 곧 이때임

3. 때가 이때인 이유는 무엇입니까?

: 아버지께서는 자기에게 이렇게 예배하는 자들을 찾으시기 때문

심방주제: 참된 예배

성도상황: 주일을 지키지 못하는 성도에게

찬 송 가: 42장(거룩한 주님께), 523장(어둔 죄악 길에서)

C. C. M: 아무도 예배하지 않는, 나는 예배자입니다

Q-23 롬 8:11

예수를 죽은 자 가운데서 살리신 이의 영이 너희 안에 거하시면 그리스도
예수를 죽은 자 가운데서 살리신 이가 너희 안에 거하시는 그의 영으로 말
미암아 너희 죽을 몸도 살리시리라

[문맥성경]

```
11 [만일, ei]
   영이                거하시면(조건절, if)
   /살리신 이의        /너희 안에
    /예수를
    /죽은 자 가운데서
   살리신 이가      살리시리라
   /그리스도 예수를  /몸도
   /죽은 자 가운데서  /너희
                      /죽을
                    /영으로 말미암아
                    /그의
                    /거하시는
                      /너희 안에
```

[문맥설교 틀]
주제: **너희 죽을 몸을 살리신다**

1. 죽을 몸을 살리시는 이는 어떤 분이십니까?
   : 죽은 자 가운데서 그리스도 예수를 살리신 이

2. 죽을 몸을 살리시는 조건은 무엇입니까?
   : 죽은 자 가운데서 예수를 살리신 이의 영이 너희 안에 거하시면

3. 죽을 몸을 어떻게 살리십니까?
   : 너희 안에 거하시는 그의 영으로 말미암아

심방주제: 부활의 소망

성도상황: 부활의 소망이 필요한 성도에게

찬 송 가: 539장(이 몸에 소망 무언가), 82장(나의 기쁨 나의 소망 ~)

C. C. M: 예수 열방의 소망, 모든 능력과 모든 권세

Q-24   요 5:24

내가 진실로 진실로 너희에게 이르노니 내 말을 듣고 또 나 보내신 이를 믿는 자는 영생을 얻었고 심판에 이르지 아니하나니 사망에서 생명으로 옮겼느니라

[문맥성경]

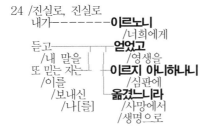

24 /진실로, 진실로
   내가————이르노니
              /너희에게
   듣고—————얻었고
   /내 말을   /영생을
   또 믿는 자는 이르지 아니하나니
   /이를   /심판에
      /보내신   옮겼느니라
      /나[를]   /사망에서
                 /생명으로

[문맥설고 틀]

주제: 믿는 자에게 주신 약속

1. 영생을 얻습니다
   (현재시제: 현재 영생을 소유하고 있음)

2. 심판에 이르지 않게됩니다
   (현재시제: 현재 심판에 이르지 아니함)

3. 사망에서 생명으로 옮겨갑니다
   (완료시제: 사망의 세력에서 벗어나 생명으로 옮겨진 상태가 계속 유지됨)

심방주제: 구원의 확신

성도상황: 구원의 확신이 필요한 성도에게

찬 송 가: 344장(이 눈에 아무 증거~), 340장(구주 예수 의지함이)

C. C. M: 하나님 한번도 나를, 하나님께서 세상을 사랑하사

Q-25   요 10:9

내가 문이니 누구든지 나로 말미암아 들어가면 구원을 얻고 또는 들어가며
나오며 꼴을 얻으리라

[문맥성경]

```
9 내가          문이니
  [만일, ἐάν]
  누구든지     들어가면(조건절, if)
                     /나로 말미암아
  [그가]        구원을 얻고
                또는 들어가며
                나오며
                얻으리라
                     /꼴을
```

[문맥설교 틀]

주제: 예수님은 문이다

1. 그 문으로 들어갈 수 있는 조건은 무엇입니까?
   : 누구든지 예수님과 함께 한다면 들어갈 수 있음

2. 그 문은 어떤 문입니까?
   1) 구원을 얻는 문
   2) 들어가며 나오는 문
   3) 꼴을 얻는 문

심방주제: 주님과 교제

성도상황: 예수님과 진정한 교제를 누리지 못하는 성도에게

찬 송 가: 509장(선한 목자되신 우리 주), 521장(구원으로 인도하는)

C. C. M: 문들아 머리들어라, 오직 예수뿐이네

Q-26   계 2:7

귀 있는 자는 성령이 교회들에게 하시는 말씀을 들을지어다 이기는 그에게
는 내가 하나님의 낙원에 있는 생명나무의 과실을 주어 먹게 하리라

[문맥성경]

 7 귀 있는 자는   **들을지어다**
                      /성령이---[말씀]하시는 말씀을(=것을)
                               /교회들에게

      내가   **주어**
                      /이기는 그에게는

       //(목적: 부정사)
          먹게(하리라)
              /생명나무의 과실을
                 /하나님의 낙원에 있는

[문맥설교 틀]

주제: **내가 준다**

1. 누구에게 줍니까?

   : 이기는 그에게는 줌

2. 주는 목적은 무엇입니까?

   : 하나님의 낙원에 있는 생명나무의 과실을 먹게 하려고

3. 받는 자의 자세는 무엇입니까?

   : 귀 있는 자는 성령이 교회들에게 말씀하시는 말씀을 들어야 함

심방주제: 천국의 소망

성도상황: 고난으로 지쳐 있는 성도에게

찬 송 가: 347장(허락하신 새 땅에 들어~), 353장(십자가 군병 되어서)

C. C. M: 생명나무, 승리하리라

찬송하리로다 하나님 곧 우리 주 예수 그리스도의 아버지께서 그리스도 안
에서 하늘에 속한 모든 신령한 복으로 우리에게 복 주시되

[문맥성경]

3 찬송하리로다   **하나님**
          곧 아버지(께서)
          /주 예수 그리스도의
           /우리
          /복 주시되(=복 주신)
            /우리에게
            /그리스도 안에서
            /복으로(=복 안에)
              /모든
              /신령한
              /하늘에 속한

[문맥설교 틀]

주제: **찬양의 대상인 하나님**

1. 찬송받기에 합당하신 분은 누구십니까?

  1) 하나님 곧 아버지

  2) 우리 주 예수 그리스도의 아버지 하나님

  3) 복 주시는 하나님

2. 하나님이 우리에게 복 주시는 방법은 무엇입니까?

  1) 그리스도 안에서 우리에게 복 주심

  2) 하늘에 속한 모든 신령한 복으로 복 주심

심방주제: 하나님 찬송

성도상황: 찬송생활을 통해 복 받기 원하는 성도에게

찬 송 가: 85장(구주를 생각만 해도), 31장(찬양하라 복되신 구세주~)

C. C. M: 성도의 삶, 찬양의 열기

그러므로 하나님의 전신갑주를 취하라 이는 악한 날에 너희가 능히
대적하고 모든 일을 행한 후에 서기 위함이라

[문맥성경]

13 그러므로(διά, τοῦτο)
　　[너희는]　　　　**취하라**
　　　　　　　　　　　/전신갑주를
　　　　　　　　　　　/하나님의

　　//이는(목적: ἵνα, that...may)
　　　너희가 —— **능히 대적하고**
　　　　　　　　　/악한 날에
　　　모든 일을 행한 후에(상황절, when)
　　　[너희개]——**〈능히〉 서기 위함이라**

[문맥설고 틀]

주제: **너희는 취하라**

1. 무엇을 취해야 합니까? : 하나님의 전신갑주를 취해야 함

2. 취하는 목적은 무엇입니까?

　1) 너희가 악한 날에 능히 대적하기 위하여

　2) 너희가 모든 일을 행한 후에 능히 서기 위하여

심방주제: 영적 싸움

성도상황: 영적 무장을 하지 못하는 성도에게

찬 송 가: 351장(믿는 사람들은 군병 같~), 585장(내 주는 강한 성이요)

C. C. M: 전신갑주 입고, 저 성벽을 향해 전진하라

그러므로 형제들아! 내가 하나님의 모든 자비하심으로 너희를 권하노니 너희 몸을 하나님이 기뻐하시는 거룩한 산 제물로 드리라 이는 너희가 드릴 영적 예배니라

[문맥성경]
그러므로(οὖν)
형제들아!
내가   **권하노니**
                       /너희를
                       /(모든)자비하심으로
                        /하나님의
                       /드리라(=드릴 것을)
                        /너희 몸을
                        /제사로
                         /산
                         /거룩한
                         /기뻐하시는(=수납하는)
                          /하나님이(=께서)
                         /이는(동격)
                          (드릴) 예배니라
                           /너희의
                           /영적

[문맥설고 틀]
주제: **살아 있는 예배**

서론: 하나님의 자비하심으로 성도에게 권면합니다.
권면의 내용: 너희 몸을 영적 예배로 드려라

1. 살아 있는 예배로 드려라

2. 거룩한 예배로 드려라

3. 하나님께서 기뻐하시는(수납하는) 예배로 드려라

심방주제: 예배

성도상황: 예배의 감격을 누리지 못하는 성도에게

찬 송 가: 11장(홀로 한분 하나님께), 44장(지난 이레 동안에)

C. C. M: 나는 예배자, 임재

제2부
이웃편

N-1   골 4:6

너희 말을 항상 은혜 가운데서 소금으로 고루게 함같이 하라 그리하면 각 사람에게 마땅히 대답할 것을 알리라

[문맥성경]

```
6 말을           고루게 함같이 하라
   /너희            /소금으로
                    /항상
                    /은혜 가운데서

        //그리하면(목적: 부정사, so that)
         [너희가]---알리라
                      /대답할 것을
                        /각 사람에게
                        /마땅히
```

[문맥설교 틀]

주제: 성도의 언어생활

1. 항상 은혜 가운데서 말하라 (친철한 말)

2. 소금으로 고르게 함같이 말하라 (유익한 말)

3. 각 사람에게 마땅히 대답할 것을 알리라 (준비된 말)

PAGE/

DATE/

심방주제: 성도의 언어생활

성도상황: 언어생활을 잘 하고 싶은 성도에게

찬 송 가: 420장(너 성결키 위해), 425장(주님의 뜻을 이루소서)

C. C. M: 내가 천사의 말 한다 해도, 내 입술의 말

또한 네가 청년의 정욕을 피하고 주를 깨끗한 마음으로 부르는 자들과 함께 의와 믿음과 사랑과 화평을 좇으라

[문맥성경]

22 또한
　네가
　　　　　피하고
　　　　　/정욕을
　　　　　　/청년의
　　　　좇으라
　　　　　/의와
　　　　　　믿음과
　　　　　　사랑과
　　　　　　화평을
　　　　　/부르는 자들과 함께
　　　　　　/주를
　　　　　　/깨끗한 마음으로

[문맥설교 틀]

주제: **청년의 때에 주를 따르라**

1. 청년의 때에 따라가야 할 것은 무엇입니까?

　1) 의를

　2) 믿음을

　3) 사랑을

　4) 화평을

2. 어떻게 따라가야 합니까?

　1) 주를 깨끗한 마음으로 부르는 자들과 함께

　2) 청년의 정욕을 피하면서

심방주제: 주를 따라서

성도상황: 주님을 어떻게 따라갈지 모르는 성도에게, 방황하는 청년에게

찬 송 가: 455장(주님의 마음을 본~), 456장(거친 세상에서 실패~)

C. C. M: 너의 푸른 가슴 속에, 새벽이슬

너희가 사람의 잘못을 용서하지 아니하면 너희 아버지께서도 너희 잘못을 용서하지 아니하시리라.

[문맥성경]

```
15 //(이유,계속)
     [만일, ἐάν]
     너희가 ---- 용서하지 아니하면(조건절, if)
                    /(과실을)
                      /사람의(=에게)
     아버지께서도 ― 용서하지 아니하시리라
      /너희            /너희 과실을
```


[문맥설교 틀]

주제: **용서하라**

1. 우리가 용서하지 않을 때 아버지의 징계는 무엇입니까?

   : 우리를 용서하지 아니하실 것임

2. 아버지께서는 우리의 무엇을 용서하지 않으십니까?

   : 우리의 과실을 용서하지 않으심

3. 아버지께서 우리를 용서하시지 않으시는 조건은 무엇입니까?

   : 만일 우리가 사람의 과실을 용서하지 아니한다면 용서하지 않으심

심방주제: 용서

성도상황: 타인을 용서하지 못하는 성도에게

찬 송 가: 527장(어서 돌아오오), 272장(고통의 멍에 벗으려고)

C. C. M: 주님 마음 내게 주소서, 용서 하소서

N-4   삼상 2:3

심히 교만한 말을 다시 하지 말 것이며 오만한 말을 너희 입에서 내지 말
지어다 여호와는 지식의 하나님이시라 행동을 달아보시느니라

[문맥성경]

너희는 ─────**다시 하지 말 것이며**
       /심히 교만한 말을
   ─── **너희 입에서 내지 말지어다**
       /오만한 말을

     //이유 (כִּי for)
       여호와는───지식의 하나님이시라
                행동을 달아보시느니라

[문맥설교 틀]

주제: **입에서 내지 말 것(=다시 하지 말 것)**

1. 우리 입에서 다시는 내지 말아야 할 말은 무엇입니까?

 1) 오만한 말

 2) 심히 교만한 말

2. 오만한 말과 교만한 말을 하지 않아야 하는 이유는 무엇입니까?

  1) 여호와는 지식의 하나님이시기 때문

  2) 여호와는 행동을 달아보시기 때문

[설교노트]

PAGE/

DATE/

심방주제: 성도의 언어생활

성도상황: 말을 함부로 하는 성도에게

찬 송 가: 342장(너 시험을 당해) 425장(아버지여 나의 맘을)

C. C. M: 나의 입술의 모든 말과, 내가 천사의 말 한다 해도

83

N-5   마 10:16

보라 내가 너희를 보냄이 양을 이리 가운데 보냄과 같도다 그러므로 너희는 뱀같이 지혜롭고 비둘기같이 순결하라

[문맥성경]

[문맥설교 틀]

주제: **주의 보내심 (세상으로)**

1. 주께서 우리를 어떻게 보내셨습니까?

    : 이리 가운데 양을 보냄과 같이 보내심

2. 그러므로 우리는 세상에서 어떻게 살아가야 합니까?

    1) 뱀같이 지혜롭게 살아가야 함

    2) 비둘기같이 순결하게 살아가야 함

심방주제: 지혜와 순결

성도상황: 세상에서 어떻게 살아가야 할지 모르는 성도에게

찬 송 가: 516장(옳은 길 따르라 의의 길을), 518장(기쁜소리 들리니)

C. C. M: 세상 흔들리고, 나는 아무것도 아닙니다

N-6   딤전 4:12

누구든지 네 연소함을 업신여기지 못하게 하고 오직 말과 행실과 사랑과
믿음과 정절에 대하여 믿는 자에게 본이 되어

[문맥성경]

12 누구든지   **업신여기지 못하게 하고**
                 /네 연소함을
    [너는]   오직 **본이 되어(=본이 되라)**
                 /믿는 자에게
                 /말과
                 /행실과
                 /사랑과
                 /믿음과
                 /정절에 대하여

[문맥설교 틀]

주제: **나는 본이 되라**

1. 누구에게 본이 되어야 합니까?

: 믿는 자에게 본이 되어야 함

2. 어디에서 모범이 되어야 합니까?

: 말과 행실과 사랑과 믿음과 정절에 대하여 본이 되어야 함

3. 본이 된 결과는 무엇입니까?

: 누구든지 네 연소함을 업신여기지 못하게 해야 됨

심방주제: 모범이 되라

성도상황: 리더로 섬기길 원하는 성도에게

찬 송 가: 330장(어둔 밤 쉬 되리니), 333장(충성하라 죽도록)

C. C. M: 오늘 이 하루도, 믿음이 이기네

N-7   딤전 1:5

경계의 목적은 청결한 마음과 선한 양심과 거짓이 없는 믿음으로 나는 사랑이거늘

[문맥성경]

5 목적은   **사랑이거늘(=사랑이다)**
  /경계의   /마음과
                            /청결한
                        양심과
                            /선한
                        믿음으로 나는
                            /거짓이 없는

[문맥설교 틀]

주제: 사랑은 조심해야 합니다

1. 청결한 마음으로 사랑해야 합니다.

2. 선한 양심으로 사랑해야 합니다.

3. 거짓이 없는 믿음으로 사랑해야 합니다.

심방주제: 사랑에 대한 주의

성도상황: 교회에서 사랑을 쉽게 생각하는 성도에게

찬 송 가: 304장(그 크신 하나님의 사랑), 563장(예수 사랑하심은)

C. C. M: 사랑의 송가, 서로 사랑하라

어리석고 무식한 변론을 버리라 이에서 다툼이 나는 줄 앎이라

[문맥성경]

23 [그러나, δε]
   [너는]   **버리라**
                    /변론을
                     /어리석고
                     /무식한

       //(이유;οτι, because)
       [네가]---앎이라
               /[저들이]--(이에서) 나는 줄(=낳다)
                   /다툼이(=을)

[문맥설고 틀]

주제: **너는 버려라**

1. 무엇을 버려야 합니까?

  : 어리석고 무식한 변론을 버려야 함

2. 왜 버려야 합니까?

  : 왜냐하면 다툼이 이에서 나는 줄 알기 때문

심방주제: 변론
성도상황: 변론을 버리지 못하는 성도에게
찬 송 가: 259장(예수 십자가에 흘린), 263장(이 세상 험하고)
C. C. M: 나는 죽고 주가 살고, 주는 완전합니다

각 사람은 위에 있는 권세들에게 굴복하라 권세는 하나님께로 나지 않음이
없나니 모든 권세는 다 하나님의 정하신 바라

[문맥성경]

1 사람은   **굴복하라**
  /각   /권세들에게
                    /위에 있는

    //(이유: γάρ, for)
      권세는 ──── 하나님께로 나지 않음이 없나니
      [그것들은]── 정하신 바라
       /[존재하는]   /하나님의
       /(모든 권세는 다)

[문맥설교 틀]

주제: **복종하라**

1. 누구에게 복종해야 합니까?

 1) 위에 있는 권세들에게

2. 복종해야 하는 이유는 무엇입니까?

 1) 권세는 하나님께로 나왔기 때문
 2) 존재하는 모든 권세는 다 하나님께서 정하신 것이기 때문

심방주제: 복종하라

성도상황: 세상에서 리더에게 복종하지 못하는 성도에게

찬 송 가: 542장(구주 예수 의지~), 545장(이 눈에 아무 증거 아니~)

C. C. M: 주님 말씀하시면, 주님 뜻대로 살기로 했네

피차 사랑의 빚 외에는 아무에게든지 아무 빚도 지지 말라 남을 사랑하는
자는 율법을 다 이루었느니라

[문맥성경]

8 [너희는]   **아무 빚도 지지 말라**
                  /아무에게든지
                  /사랑의 빚 외에는
                      /피차

        //(이유: γάρ, for)
         사랑하는 자는———다 이루었느니라
          /남을   /율법을

[문맥설교 틀]

주제: **아무 빚도 지지 말라**

1. 누구에게 빚을 지지 않아야 합니까?
   : 아무에게든지 빚을 지지 않아야 함

2. 무슨 빚을 지지 말아야 합니까?
   : 피차 사랑의 빚 외에는 빚을 지지 않아야 함

3. 아무 빚도 지지 말아야 하는 이유는 무엇입니까?
   : 남을 사랑하는 자는 율법을 다 이루었기 때문

_____

_____

_____

_____

_____

_____

_____

_____

_____

_____

_____

_____

_____

_____

_____

_____

심방주제: 사랑의 빚

성도상황: 사랑의 빚을 지기 싫어하는 성도에게 (사랑의 갚음)

찬 송 가: 292장(주 없이 살 수 없네), 299장(하나님의 사랑은)

C. C. M: 우리가 피차, 사랑하는 자들아

믿음의 기도는 병든 자를 구원하리니 주께서 저를 일으키시리라 혹시 죄를 범하였을지라도 사하심을 얻으리라

[문맥성경]

15 기도는   **구원하리니**
    /믿음의   /병든 자를

    주께서   **일으키시리라**
                    /저를

    혹시
    [그가]   죄를 범하였을지라도 (조건절, if)
                    사하심을 얻으리라
                    /[그에게]

[문맥성경 틀]

주제: **믿음의 기도**

1. 병든 자를 구원합니다

2. 주께서 그를 일으키십니다

3. 사하심을 얻습니다
  1) 그가 죄를 범하였을지라도 사하심을 얻음

심방주제: 믿음의 기도

성도상황: 영육간에 병약한 성도에게

찬 송 가: 471장(주여 나의 병든 몸을), 272장(고통의 멍에 벗으려고)

C. C. M: 예수 나의 치료자, 손 내밀어 주를 만져라

너는 말씀을 전파하라 때를 얻든지 못 얻든지 항상 힘쓰라 범사에 오래 참음과 가르침으로 경책하며 경계하며 권하라

[문맥성경]

 2 너는 **전파하라**
    /말씀을
  항상 힘쓰라
    /때를 얻든지
    /못 얻든지
  경책하며
  경계하며
  권하라
    /오래 참음과(=모든 인내 안에서)
    /가르침으로(=모든 교훈 안에서)

[문맥설교 틀]

주제: **너희는 항상 힘쓰라**

1. 언제 힘써야 합니까?

 1) 때를 얻을 때나 못 얻을 때나 힘써야 함

2. 무엇을 힘써야 합니까?

 1) 말씀을 전하기를 힘써야 함

3. 어떻게 힘써야 합니까?

 1) 경책하면서 힘써야 함
 2) 경계하면서 힘써야 함
 3) 권하면서 힘써야 함
  (1) 모든 인내와 교훈 안에서 권해야 함

심방주제: 복음 전파

성도상황: 복음전파에 힘쓰지 않는 성도에게

찬 송 가: 338장(어둔 밤 쉬 되리니), 496장(새벽부터 우리)

C. C. M: 탕자처럼, 사나 죽으나

인자가 온 것은 섬김을 받으려 함이 아니라 도리어 섬기려 하고 자기 목숨을 많은 사람의 대속물로 주려 함이니라

[문맥성경]

```
45 //(이유: γάρ, for)
     인자의(=가)---온 것은(=왔노라)
                  /섬김을 받으려 함이 아니라
         ----(도리어)섬기려(하고)
                  /주려 함이니라
                  /자기 목숨을
                  /많은 사람의(=을 위해)
                  /대속물로
```

[문맥설교 틀]

주제: **인자가 섬기러 온 목적**

1. 자기 목숨을 주려고 오셨음

2. 많은 사람을 위해 오셨음

3. 대속물로 주려고 오셨음

[설교노트]

PAGE/

DATE/

심방주제: 섬김의 삶

성도상황: 섬김을 받으려고만 하는 성도에게

찬 송 가: 212장(겸손히 주를 섬길 때), 211장(값비싼 향유를 주께 드린)

C. C. M: 당신의 그 섬김이, 낮엔 해처럼 밤엔 달처럼

101

인내를 온전히 이루라 이는 너희로 온전하고 구비하여 조금도 부족함이 없게 하려 함이라

[문맥성경]

4 인내를(=가)　　　　**이루라**(=가지도록 하라)
　　　　　　　　　/[일을]
　　　　　　　　　　/온전히(=한)

　　　// 이는(목적/결과: ἵνα, so that...may)
　　　　　너희로(가)---**온전하고**
　　　　　　　　---**구비하여** ... 하려 함이라

　　　　　　　　　/부족함이 없게(=부족함이 없는 가운데)
　　　　　　　　　　/조금도

[문맥설교 틀]

주제: **인내를 이루라**

1. 인내를 이루어야 하는 일은 무엇입니까?

　: 온전한 일을 이루어야 함

2. 인내를 이루어야 하는 목적 첫 번째는 무엇입니까?

　: 너희가 조금도 부족함이 없는 가운데 온전하기 위하여

3. 인내를 이루어야 하는 목적 두 번째는 무엇입니까?

　: 너희가 조금도 부족함이 없는 가운데 구비하기 위하여

[설교노트]

심방주제: 인내

성도상황: 인내가 필요한 성도에게

찬 송 가: 342장(너 시험을 당해), 336장(환난과 핍박 중에도)

C. C. M: 내게 허락하신 시련을 통해, 보라 너희는 두려워말고

N-15   막 16:15

또 가라사대 너희는 온 천하에 다니며 만민에게 복음을 전파하라

[문맥성경]

15 [그가]   또 **가라사대**(...하시더라)
                /너희는————**전파하라**
                        /복음을
                        /만민에게
                        /다니며(현재분사)
                        /온 천하에

[문맥설교 틀]

주제: **너희는 전파하라**

1. 무엇을 전파해야 합니까?
   : 복음을 전파해야 함

2. 누구에게 전파해야 합니까?
   : 만민에게 전파해야 함

3. 어떻게 전파해야 합니까?
   : 온 천하에 다니면서 전파해야 함

심방주제: 전도와 선교

성도상황: 복음전파를 명령으로 받아들이지 못하는 성도에게

찬 송 가: 520장(듣는 사람마다 복음 전~), 185장(이 기쁜 소식을)

C. C. M: 주님 다시 오실 때까지, 우릴 사용하소서

모든 사람과 더불어 화평함과 거룩함을 따르라 이것이 없이는 아무도 주를 보지 못하리라

[문맥성경]

14 [너희는]   **좇으라**
                 /화평함과
                   거룩함을
                 /모든 사람으로 더불어

　　아무도   **보지 못하리라**
                 /주를
                 /이것이 없이는

[문맥설교 틀]

주제: **너희는 좇**으라

1. 무엇을 좇아야 합니까?

: 화평함과 거룩함을 좇아야 함

2. 어떻게 좇아야 합니까?

: 모든 사람으로 더불어 좇아야 함

3. 이렇게 좇지 못한 결과는 무엇입니까?

: 이것이 없이는 아무도 주를 보지 못함

심방주제: 주를 좇는 제자도
성도상황: 화평함과 거룩이 없는 성도에게
찬 송 가: 420장(너 성결키 위해), 327장(주님 주실 화평)
C. C. M: 시선, 주만 바라볼지라

만일 하루 일곱 번이라도 네게 죄를 얻고 일곱 번 네게 돌아와 내가 회개
하노라 하거든 너는 용서하라 하시더라

[문맥성경]

1 예수께서   **이르시되**
    4 만일
      [그가]──────죄를 얻고
               /하루 일곱 번이라도
               /네게
          돌아와
               /일곱 번 네게
          [말] 하거든(if)
               /내가 회개하노라
        너는──────**용서하라**

[문맥설교 틀]

주제: **너는 용서하라**

1. 이웃을 용서할 조건은 무엇입니까?

  1) 만일 그가 네게 하루 일곱 번이라도 죄를 얻었다면

  2) 만일 그가 일곱 번 네게 돌아온다면

  3) 만일 그가 내가 회계한다고 말한다면

심방주제: 용서

성도상황: 용서하지 못하는 성도에게

찬 송 가: 214장(나 주의 도움 받~), 218장(네 맘과 정성을 다~)

C. C. M: 오늘 나는, 그럼에도 불구하고

너희가 전에는 어두움이더니 이제는 주 안에서 빛이라 빛의 자녀들처럼 행하라

[문맥성경]

8 너희가   **어두움이더니**
              /전에는
              빛이라
              /이제는
              /주 안에서
   너희는   **행하라**
              /빛의 자녀들처럼

[문맥설교 틀]

주제: **성도는 빛이다**

1. 성도는 언제 빛이 됩니까?
   : 주안에 있을 때 빛이 됨

2. 성도의 이전 상황은 무엇이었습니까?
   : 이전에는 어두움이었음

3. 성도가 빛이 된 결과는 무엇입니까?
   : 빛의 자녀들처럼 행해야 함

심방주제: 성도의 정체성

성도상황: 자신이 빚인 것을 모르는 성도에게

찬 송 가: 502장(빛의 사자들이여), 348장(마귀들과 싸울지라)

C. C. M: 빛으로 오신 예수여, 나를 세상의 빛으로

악을 악으로, 욕을 욕으로 갚지 말고 도리어 복을 빌라 이를 위하여 너희
가 부르심을 입었으니 이는 복을 유업으로 받게 하려 하심이라

[문맥성경]

9 (너희가)   **갚지 말고**(명령, 분사)
  /다   /악을 악으로
                        욕을 욕으로
                     복을 빌라(명령, 분사)
                        /도리어

      //(이유: οτι, because)
        이를 위하여
        너희가----**부르심을 입었으니**

            //이는(목적: ινα, so that...may)
              복을 유업으로 받게 하려 하심이라

[문맥설교 틀]

주제: **복을 빌라**

1. 복을 어떻게 빌어야 합니까?

 1) 도리어(반대로) 빌어야 함

 2) 욕이나 악으로 갚지 말면서 빌어야 함

2. 복을 빌어야 하는 이유는 무엇입니까?

 1) 이를 위하여 우리가 부르심을 입었기 때문

3. 우리를 부르심의 목적은 무엇입니까?

 1) 복을 유업으로 받게 하시려고

심방주제: 축복

성도상황: 동해복수법(이에는 이로)을 실천하려는 성도에게

찬 송 가: 218장(네 맘과 정성을 다~), 220장(사랑하는 주님 앞에)

C. C. M: 축복합니다 주님의 이름~, 당신은 사랑받기 위해 태어난~

그리스도의 평강이 너희 마음을 주장하게 하라 평강을 위하여 너희가 한 몸으로 부르심을 받았나니 또한 너희는 감사하는 자가 되라

[문맥성경]

15 평강이   **주장하게 하라(=지배하게)**
   /그리스도의   /너희 마음을

   /평강을 위하여
     너희가————부르심을 받았나니
                    /한 몸으로(=한 몸 안에)

   또한
   너희는   **감사하는 자가 되라**

[문맥설교 틀]

주제: **그리스도의 평강으로 다스려라**

1. 누가 다스려야 합니까?
 : 평강을 위하여 한 몸으로 부르심을 받은 우리가

2. 무엇을 다스려야 합니까?
 : 우리 마음을

3. 평강으로 다스린 결과는 무엇입니까?
 : 감사하는 자가 됨

심방주제: 평강(평안)

성도상황: 평화가 없는 가정과 성도에게

찬 송 가: 412장(내 영혼의 그윽히 깊~), 413장(내 평생에 가는 길)

C. C. M: 평안을 너에게 주노라, 은혜와 평강이

볼지어다 내가 문밖에 서서 두드리노니 누구든지 내 음성을 듣고 문을 열면 내가 그에게로 들어가 그로 더불어 먹고 그는 나로 더불어 먹으리라

[문맥성경]

20 볼지어다!
내가   **서서**
                          /문 밖에
                     두드리노니

     [만일]
     누구든지   듣고
                          /내 음성을
                     열면
                          /문을
     내가   **들어가**
                          /그에게로
                     먹고
                          /그로 더불어
     그는   **먹으리라**
                          /나로 더불어

[문맥설교 틀]

주제: **주님이 들어가신다**

1. 주님은 언제 들어가십니까? : 주께서 문밖에 서서 두드릴 때

2. 주님이 들어가시는 조건은 무엇입니까?
 : 만일 누구든지 주의 음성을 듣고 문을 연다면

3. 주님이 들어가신 결과는 무엇입니까?
 : 주께서 그로 더불어 먹고 그는 주로 더불어 먹게 됨

심방주제: 주를 영접

성도상황: 예수를 믿지 않는 가족이 있는 성도에게

찬 송 가: 534장(주님 찾아오셨네), 538장(죄짐을 지고서 곤~)

C. C. M: 볼지어다 내가 문밖에 서서, 그럼에도 불구하고

너희 중에 누구든지 지혜가 부족하거든 모든 사람에게 후히 주시고 꾸짖지
아니하시는 하나님께 구하라 그리하면 주시리라

[문맥성경]

5 [만일]
　누구든지 ---- 부족하거든(조건절, if)
　　/너희 중에　　　/지혜가

　[그는]　　　　　**구하라**
　　　　　　　　　/하나님께
　　　　　　　　　　/주시고
　　　　　　　　　　　/모든 사람에게
　　　　　　　　　　　/후히
　　　　　　　　　　/꾸짖지 아니하시는

　//그리하면(결과: 명령문 and)
　　[그것이;지혜가]---주시리라(=주어질 것이다)
　　　　　　　　　　　　/[그에게]

[문맥설고 틀]

주제: **지혜를 구하라**

1.우리가 지혜를 구하는 하나님은 어떤 분이십니까?
　1) 모든 사람에게 후히 주시는 하나님
　2) 꾸짖지 아니하시는 하나님

2. 우리는 지혜를 언제 구해야 합니까? : 지혜가 부족할 때

3. 지혜를 구한 결과는 무엇입니까? : 지혜가 구한 자에게 주어질 것임

심방주제: 지혜

성도상황: 지혜가 필요한 성도에게

찬 송 가: 364장(기도하는 이 시간), 196장(성령의 은사를)

C. C. M: 하나님은 너를 만드신 분, 주님 마음 내게 주소서

내가 교회 일꾼 된 것은 하나님이 너희를 위하여 내게 주신 경륜을 따라 하나님의 말씀을 이루려 함이니라

[문맥성경]

25 /교회[의]
　　내가　　　**일꾼 된 것은(=일꾼 되었다)**
　　　　　　　/경륜을 따라
　　　　　　　　/하나님이(=의)
　　　　　　　　/내게 주신
　　　　　　　/너희를 위하여

　　//(목적: 부정사, so that... might)
　　　　말씀을－－－이루려 함이니라
　　　　　/하나님의

[문맥설교 틀]

주제: **교회의 일꾼이 되자**

1. 어떻게 일꾼이 되어야 합니까?

　: 내게 주신 하나님의 경륜을 따라

2. 누구를 위하여 일꾼이 되어야 합니까?

　: 너희(성도)를 위하여 일꾼이 되어야 함

3. 일꾼이 지향하는 목표는 무엇입니까?

　: 하나님의 말씀을 [완전하게] 이루려고

심방주제: 봉사, 섬김, 헌신

성도상황: 직분자로 헌신이 필요한 성도에게

찬 송 가: 346장(값비싼 향유를 주께), 321장(날 대속하신 예수께)

C. C. M: 나의 모습 나의 소유, 시선

내가 진실로 진실로 너희에게 이르노니 한 알의 밀이 땅에 떨어져 죽지 아니하면 한 알 그대로 있고 죽으면 많은 열매를 맺느니라

[문맥성경]

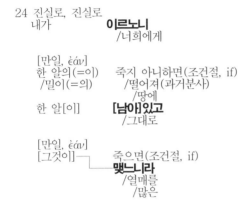

24 진실로, 진실로
내가   **이르노니**
                /너희에게

    [만일, ἐάν]
    한 알의(=이)   죽지 아니하면(조건절, if)
     /밀이(=의)   /떨어져(과거분사)
                       /땅에
    한 알[이]   **[남아]있고**
                  /그대로

    [만일, ἐάν]
    [그것이]── 죽으면(조건절, if)
            맺느니라
                /열매를
                /많은

[문맥설교 틀]

주제: **그것이 열매를 맺는다**

1. 열매를 맺는 조건은 무엇입니까?

  1) 한 알이 죽으면 많은 열매를 맺음

2. 열매를 맺지 않는 조건은 무엇입니까?

  1) 한 알의 밀이 땅에 떨어져 죽지 않으면

3. 열매를 맺어야 하는 사람은 누구입니까?

  1) 너희, 제자들, 성도들

심방주제: 희생의 열매

성도상황: 열매의 삶에는 희생이 따른다는 사실을 모르는 성도에게

찬 송 가: 570장(주는 나를 기르시는), 384장(나의 갈길 다가도록)

C. C. M: 사명, 또 하나의 열매를 바라시며

N-25   계 1:3

이 예언의 말씀을 읽는 자와 듣는 자들과 그 가운데 기록한 것을 지키는
자들이 복이 있나니 때가 가까움이라

[문맥성경]

```
3 읽는 자와 ──────┬ 복이 있나니
  듣는 자들과 ──┤
  /말씀을        │
    /이 예언의  │
  지키는 자들이 ┘
  /기록한 것을
  /그 가운데

      //(이유: γαρ, for)
         때가 가까움이라
```


[문맥설고 틀]
주제: **복 있는 사람**

1. 복 있는 사람은 누구입니까?
 1) 이 예언의 말씀을 읽는 자
 2) 이 예언의 말씀을 듣는 자
 3) 그 가운데 기록한 것을 지키는 자들

2. 왜 복이 있습니까?
 : 때가 가까이 왔기 때문에 복이 있음

심방주제: 복된 삶

성도상황: 복 있는 사람이 되기 원하는 성도에게

찬 송 가: 1장(만복의 근원 하~), 31장(찬양하라 복되신 구세~)

C. C. M: 행복, 주 말씀 향하여 달려가리라

오직 성령이 너희에게 임하시면 너희가 권능을 받고 예루살렘과 온 유대와
사마리아와 땅 끝까지 이르러 내 증인이 되리라 하시니라

[문맥성경]

```
오직
성령이───임하시면 (when)
        /너희에게
너희가┬권능을 받고
     └증인이 되리라 (하시니라)
        /내
        /예루살렘[에서]과
         유대[에서]와
          /온
           사마리아[에서]와
           땅 끝까지 이르러
```

[문맥설교 틀]

주제: 예수의 증인이 되라

1. 어떻게 예수의 증인이 될 수 있습니까?

 1) 성령의 임재를 받으면

 2) 성령의 권능을 받으면

2. 어디에서 예수의 증인이 되어야 합니까?

 1) 예루살렘에서 (가정에서)

 2) 온 유대에서 (우리 동네에서)

 3) 사마리아에서 (다른 지역에서)

 4) 땅 끝까지 (타국에까지)

심방주제: 전도, 선교

성도상황: 전도를 두려워하는 성도에게

찬 송 가: 500장(물위에 생명줄 던~), 502장(빛의 사자들이여)

C. C. M: 예수 믿으세요, 물이 바다 덮음같이

사랑하는 자여! 네 영혼이 잘됨같이 네가 범사에 잘되고 강건하기를 내가 간구하노라

[문맥성경]

사랑하는 자여
내가   **간구하노라**
                /네가---잘 되고
                    ---강건하기를

                    /범사에
                    /네 영혼이 잘 됨같이

[문맥설고 틀]

주제: **성도를 위한 기도(중보기도)**

1. 당신(성도)이 잘되기를 기도합니다.
 1) 모든 일(범사)에 잘 되기를 기도합니다.
 2) 당신(성도)의 영혼이 잘 됨같이 잘 되기를 기도합니다.

2. 당신이(성도가) 강건하기를 기도합니다.
 1) 모든 일(범사)에 강건하기를 기도합니다.
 2) 당신(성도)의 영혼이 잘 됨같이 강건하기를 기도합니다.

심방주제: 중보기도

성도상황: 다른 사람에게 축복해 주지 못하는 성도에게

찬 송 가: 214장(나주의 도움 받~), 539장(너 예수께 조용히 나가)

C. C. M: 먼저 그의 나라와 의를 구하라, 이제 역전되리라

이것을 너희에게 이름은 너희로 내 안에서 평안을 누리게 하려 함이라 세상
에서는 너희가 환난을 당하나 담대하라 내가 세상을 이기었노라 하시니라

[문맥성경]

```
33 [내가]——이름은
            /이것을
            /너희에게

      //(목적: ἵνα, that...may)
       너희로 ---누리게 하려 함이라
                  /평안을
                  /내 안에서

너희가——당하나
         /환난을
         /세상에서는
       └─담대하라
내가——이기었노라
         /세상을
```

[문맥설교 틀]

주제: **주님의 말씀**

1. 말씀하신 내용은 무엇입니까?
   1) 너희가 세상에서 환란을 당할 수 있으나 담대하라
   2) 내가 세상을 이기어 놓았다

2. **누구에게 말씀하십니까?** : 너희에게(성도에게) 말씀하심

3. 말씀하시는 목적은 무엇입니까?
   : 너희로 내안에서 평안을 누리게 하려고

심방주제: 평안, 주님의 위로
성도상황: 고난과 환난 중에 있는 성도에게
찬 송 가: 382장(너 근심 걱정 말~), 543장(어려운 일 당할 때)
C. C. M: 평안을 너에게 주노라, 주만 바라볼지라

너희는 이 세대를 본받지 말고 오직 마음을 새롭게 함으로 변화를 받아 하나님의 선하시고 기뻐하시고 온전하신 뜻이 무엇인지 분별하도록 하라

[문맥성경]

2 너희는   **본받지 말고**
                         /이 세대를
                      오직 변화를 받아
                         /새롭게 함으로
                         /마음을

            //(목적: εἰς + 부정사, so that...may)
            [너희는]---분별하도록 하라
                         /뜻이---무엇인지
                         /하나님의
                         /선하시고
                         /기뻐하시고
                         /온전하신

[문맥설교 틀]

주제: **변화하라**

1. 어떻게 변화해야 합니까?
   1) 마음을 새롭게 함으로 변화해야 함
   2) 이 세대를 본받지 말면서 변화해야 함

2. 변화를 받아야 하는 목적은 무엇입니까?
   : 하나님의 뜻을 분별하기 위하여

3. 하나님의 뜻은 무엇입니까?
   : 선하신 뜻, 기뻐하신 뜻, 온전하신 뜻

심방주제: 변화(개혁)

성도상황: 하나님의 뜻을 알고자 하는 성도에게

찬 송 가: 214장(나 주의 도움 받~), 94장(주 예수보다 더 귀한~)

C. C. M: 오라 우리가 세상을, 시선

나의 달려갈 길과 주 예수께 받은 사명 곧 하나님의 은혜의 복음 증거하는
일을 마치려 함에는 나의 생명을 조금도 귀한 것으로 여기지 아니하노라

[문맥성경]

24 /[내개]────── **여기지 아니하노라**
　　　　　　　/나의 생명을
　　　　　　　/조금도 귀한 것으로

　　　　//(목적: ὡς + 부정사, so that...may)
　　　　　마치려 함에는
　　　　　　/나의 달려갈 길[을]과
　　　　　주 예수께 받은 사명[을]
　　　　　　/곧
　　　　　　　증거하는 일을
　　　　　　　/하나님의 은혜의 복음

[문맥설고 틀]

주제: 바울의 신앙 태도(생명보다 귀한 길)

1. 바울은 어떤 신앙의 태도를 가졌습니까?

: 자신의 생명조차 조금도 귀한 것으로 여기지 않는 신앙

2. 그와 같은 신앙태도를 가진 목적은 무엇입니까?

1) 자신의 달려갈 길을 마치려고
2) 주 예수께 받은 사명 곧 하나님의 은혜의 복음을 증언하는
　 일을 마치려고

심방주제: 바른 신앙 태도

성도상황: 올바른 신앙의 길을 가려고 하는 성도에게

찬 송 가: 461장(십자가를 질~), 358장(주의 진리 위해 십~)

C. C. M: 내일 일은 난 몰라요, 지금 우리는 마음을 합하여

누구든지 하나님을 사랑하노라 하고 그 형제를 미워하면 이는 거짓말하는 자니 보는 바 그 형제를 사랑치 아니하는 자가 보지 못하는바 하나님을 사랑할 수가 없느니라

[문맥성경]

20 [만약,εαν]
　누구든지――┬[말] 하고
　　　　　　／[내가]―――사랑하노라
　　　　　　　　　　　　／하나님을
　　　　　└미워하면(조건절,if)
　　　　　　／그[의] 형제를
　이는　　　**거짓말하는 자니**

　　　//(이유: γαρ, for)
　　　　사랑치 아니하는 자가――사랑할 수 없느니라
　　　／형제를　　　　　　　　／하나님을
　　　　／보는 바　　　　　　　／보지 못하는 바
　　　　／그[의]

[문맥설고 틀]
주제: **거짓말하는 자**

1. 누가 거짓말하는 자입니까?
　: 말로는 하나님을 사랑하노라 하고 그 형제를 미워하는 자

2. 왜 그와 같은 자가 거짓말하는 자입니까?
　: 보는 바 그 형제를 사랑하지 아니하는 자는
　　보지 못하는바 하나님을 사랑할 수 없기 때문

[설교노트]

PAGE/

DATE/

심방주제: 온전한 신앙(참 사랑)
성도상황: 형제를 진정으로 사랑하지 못하는 성도에게
찬 송 가: 280장(천부여 의지 없~), 455장(주님의 마음을 본~)
C. C. M: 하나님이시여, 당신은 하나님의 사람

137

제3부
자 신 편

I-1 　 수 14:12

그날에 여호와께서 말씀하신 이 산지를 내게 주소서 당신도 그날에 들으셨거니와 그곳에는 아낙 사람이 있고 그 성읍들은 크고 견고할지라도 여호와께서 혹시 나와 함께 하시면 내가 필경 여호와의 말씀하신 대로 그들을 쫓아내리이다

[문맥성경]

```
12 /[당신은]━━━━ 내게 주소서
                /이 산지를
                /그날에 여호와께서 말씀하신

       //(이유: ？, for)
          당신도━━━그날에 들으셨거니와
                    /그곳에는 아낙 사람이 있고
                    그 성읍들은 크고 견고할지라도
       /혹시(만일)
       여호와께서 ━━━ 나와 함께 하시면
       내가━━━━━━━━그들을 필경 쫓아내리이다
                    /여호와의 말씀하신 대로
```

[문맥설교 틀]

주제: 하나님이여 내게 주소서

1. 하나님에게 무엇을 달라고 합니까?

   : 그날에 여호와께서 말씀하신 이 산지를

2. 하나님에게 왜 달라고 합니까? : 당신도 그날에 들으셨기 때문에

3. 하나님에게 달라고 한 결과는 무엇입니까?

   : 여호와의 말씀대로 내가 그들을 기필코 쫓아냄

4. 그들을 기필코 쫓아내는 조건은 무엇입니까?

   1) 여호와께서 나와 함께 하신다면

   2) 그곳에 아낙 사람이 있을찌라도

   3) 그 성읍들은 크고 견고할지라도

심방주제: 충성과 결의

성도상황: 충성심과 자신감이 결여된 성도에게

찬 송 가: 218장(네 맘과 정성을 다~), 351장(믿는 사람들은 군~)

C. C. M: 이 산지를 내게 주소서, 나의 가는 길

구하라 그러면 너희에게 주실 것이요 찾으라 그러면 찾을 것이요 문을 두
드리라 그러면 너희에게 열릴 것이니

[문맥성경]

7 [너희는]———**구하라**

　　　　//그러면(결과: 명령문, and)
　　　　　[그것이]———주실 것이요(=주어질 것이요)
　　　　　　　　　/너희에게

　　[너희는]———**찾으라**

　　　　//그러면(결과: 명령문, and)
　　　　　[너희가]———찾을 것이요

　　[너희는]———**문을 두드리라**

　　　　//그러면(결과: 명령문, and)
　　　　　[그것이]———열릴 것이니(=열려질 것이니)
　　　　　　　　　/너희에게

[문맥설교 틀]

주제: **성도의 신앙생활**

1. 구하는 신앙생활을 해야 합니다.

　1) 구하는 결과: 구하는 것이 너희에게 주어질 것임

2. 찾는 신앙생활을 해야 합니다.

　1) 찾은 결과: 찾을 것임

3. 문을 두드리는 신앙생활을 해야 합니다.

　1) 문을 두드린 결과: 너희에게 문이 열려질 것임

심방주제: 신앙생활

성도상황: 구하고 찾고 두드리지 못하는 성도에게

찬 송 가: 363장(내가 깊은 곳에서), 368장(주 예수여 은혜를)

C. C. M: 오늘 집을 나서기 전, 주만 바라볼지라

I-3   삿 21:25

그때에 이스라엘에 왕이 없으므로 사람이 각기 자기의 소견에 옳은 대로
행하였더라.

[문맥성경]

25 왕이   이스라엘에 **없으므로**
                   /그때에

   사람이   각각 **행하였더라**
                   /그 소견에 옳은 대로

[문맥설고 틀]

주제: **사람이 각각 행하였다**

1, 각 사람이 어떻게 행하였습니까?

   : 자기의 소견(눈)에 옳은 대로 행하였음

2. 언제 사람이 각각 행하였습니까?

   : 왕이 그때(사사시대)에 이스라엘에 없었을 때

심방주제: 삶의 주인 하나님

성도상황: 자기 삶의 왕(주인)이 예수님이 아닌 성도에게

찬 송 가: 33장(영광스런 주를 보라), 516장(옳은 길 따르라 의의~)

C. C. M: 왕이신 하나님, 눈을 들어 주를 보라

돈을 사랑함이 일만 악의 뿌리가 되나니 이것을 탐내는 자들은 미혹을
받아 믿음에서 떠나 많은 근심으로써 자기를 찔렀도다.

[문맥성경]

10 //(이유: γαρ, for)
　　돈을 사랑함이 ------**뿌리가 되나니**
　　　　　　　　　　　/악의
　　　　　　　　　　　　/일만(=모든)

　　사모하는 자들이 ---- **미혹을 받아**
　　　/이것을　　　　　　/믿음에서(떠나)

　　　　　　---- **찔렀도다**
　　　　　　　　/자기를
　　　　　　　　　/근심으로써
　　　　　　　　　　/많은

[문맥설교 틀]

주제: **돈을 사랑하고 사모하는 자**

1. 돈을 사랑하는 것은 무엇입니까?

　: 일만(모든) 악의 뿌리가 됨

2. 돈을 사모하는 자들이 받는 것은 무엇입니까?

　: 믿음에서 떠나 미혹을 받음

3. 돈을 사모하는 자들은 결국 어떻게 됩니까?

　: 많은 근심(고통)이 자기를 찌르게 됨

심방주제: 돈과 신앙

성도상황: 경제(돈)문제로 힘든 성도에게

찬 송 가: 427장(맘 가난한 사람 복~), 539장(너 예수께 조용히)

C. C. M: 돈으로도 못가요 하나님 나라, 금보다도 귀하다(김석균)

I-5 벧전 3:15

너희 마음에 그리스도를 주로 삼아 거룩하게 하고 너희 속에 있는 소망에 관한 이유를 묻는 자에게는 대답할 것을 항상 준비하되 온유와 두려움으로 하고

[문맥성경]

15 [너희는] **거룩하게 하고**
/그리스도를
/주로 (삼아)
/너희 마음에

예비하되
/항상
/대답할 것을
/묻는 자에게는
/이유를(=말씀을)
/소망에 관한
/너희 속에 있는

〈하고〉(=예비하고)
/온유와 두려움으로

[문맥설교 틀]
주제: 항상 예비(준비) 하라

1. 무엇을 항상 준비해야 합니까? : 대답할 것을 항상 준비해야 함

2. 누구에게 대답할 것을 준비해야 합니까?
: 너희 속에 있는 소망에 관한 이유를 묻는 자에게 항상 준비해야 함

3. 어떻게 항상 준비해야 합니까?
1) 온유와 두려움으로 준비해야 함
2) 너희 마음에 그리스도를 주로 삼아 거룩하게 하면서 준비해야 함

심방주제: 준비

성도상황: 준비가 부족한 성도에게

찬 송 가: 212장(겸손히 주를 섬~), 520장(듣는 사람마다 복~)

C. C. M: 날마다 숨 쉬는 순간마다, 난 예수가 좋다오

나의 하나님이여 내가 주의 뜻 행하기를 즐기오니 주의 법이 나의 심중에
있나이다 하였나이다

[문맥성경]

8 /나의 하나님이여!
   내가-----**행하기를 즐기오니**
              /주의 뜻
   /주의 법이--**나의 심중에 있나이다** (하였나이다)

[문맥설고 틀]

주제: **행하기를 즐겁게**

1. 행하기를 즐긴다는 고백을 누구에게 합니까?
   : 나의 하나님에게 함

2. 무엇을 행할 때 즐거워합니까?
   : 주의 뜻을 행할 때 즐거워함

3. 즐겁게 행하는 이유가 무엇입니까?
   : 주의 법이 나의 심중에 있기 때문

심방주제: 행동하는 신앙

성도상황: 즐겁게 신앙생활을 하지 못하는 성도에게

찬 송 가: 274장(나 행한 것 죄~), 275장(날마다 주와 멀~)

C. C. M: 주님은 산 같아서, 하나님이시여

사무엘이 돌을 취하여 미스바와 센 사이에 세워 가로되 여호와께서 여기까지 우리를 도우셨다 하고 그 이름을 에벤에셀이라 하니라.

[문맥성경]

12 사무엘이   돌을 **취하여**
                  미스바와 센 사이에 **세워**
                  그 이름을 에벤에셀이라 **[칭]하니라**
                   /가로되 ... 하고
                      /여호와께서 여기까지 우리를 도우셨다.

[문맥설교 틀]
주제: 에벤에셀의 하나님 (부제: 승리 후에 성도가 할 일)

1. 돌을 취하라
 : 승리의 기념비를 세워야 함

2. 미스바와 센 사이에 세우라
 : 승리의 장소를 기억해야 함

3. 그 이름을 에벤에셀이라 칭하라
 : 에벤에셀은 여호와께서 여기까지 도우셨다는 뜻

결론: 하나님의 도우심을 기억하며 영광을 돌려라

_____

_____

_____

_____

_____

_____

_____

_____

_____

_____

_____

_____

_____

_____

_____

_____

_____

심방주제: 영적 전쟁에서 승리하자

성도상황: 하나님의 은혜를 잊은 성도에게 (영적 침체기)

찬 송 가: 585장(내 주는 강한 성~), 349장(나는 예수 따라~)

C. C. M: 승리는 내 것일세, 주가 일하시네

평강의 하나님이 친히 너희로 온전히 거룩하게 하시고 또 너희 온 영과 혼과 몸이 우리 주 예수 그리스도 강림하실 때에 흠 없게 보전되기를 원하노라

[문맥성경]

23 하나님이	친히 **거룩하게 하시고**
/평강의	/온전히
	/너희로
또	
영과	**보전되기를 원하노라**
혼과	/흠없게
몸이	/우리 주 예수 그리스도 강림하실 때에
/너희	
/온	

[문맥설고 틀]

주제: **부활 때의 보전**

1. 부활 때에 무엇이 보전됩니까?
 : 너희 온 영과 혼과 몸이 보전됨

2. 부활 때에 어떻게 보전됩니까?
 1) 평강의 하나님이 친히 너희로 온전히 거룩하게 하심으로 보전됨
 2) 흠 없게 보전됨

3. 부활 때에 언제 보전케 됩니까?
 : 우리 주 예수 그리스도 강림하실 때에 보전됨

심방주제: 부활 신앙

성도상황: 마지막에 대한 두려움이 없는 성도에게

찬 송 가: 436장(나 이제 주님의 새~), 412장(내 영혼의 그윽~)

C. C. M: 나의 영혼아 잠잠히, 마라나타

자유하게 하는 온전한 율법을 들여다보고 있는 자는 듣고 잊어버리는
자가 아니요 실행하는 자니 이 사람이 그 행하는 일에 복을 받으리라

[문맥성경]

25 [그러나; δ ε]
　　자는   **자가 아니요**
　　　/(들여다) 보고 있는   /잊어버리는(=잊어버리고 있는)
　　　　/율법을
　　　　　/온전한
　　　　　/자유하게 하는
　　　/[계속 머물러 있는]

　　　　　　　자니
　　　　　　　/실행하는

　　이 사람이   **복을 받으리라**
　　　　　　　/그 행하는 일에
　　　　　　　/[그의]

[문맥설교 틀]

주제: **복 받는 자**

1. 누가 복을 받는 자입니까?
　1) 율법을 들여다보고 있는 자
　2) 율법에 계속 머물러 있는 자

2. 율법의 기능은 무엇입니까? : 자유하게 하는 온전한 율법

3. 어떻게 복 있는 자가 됩니까?
　1) 율법을 듣고 잊어버리지 않으면 복 있는 자가 됨
　2) 율법을 듣고 그대로 행하면 복 있는 자가 됨

심방주제: 복을 누려라

성도상황: 하늘의 복을 누리지 못하는 성도에게

찬 송 가: 285장(주의 말씀 받은~), 429장(세상 모든 풍파~)

C. C. M: 이 산지를 내게 주소서, 오라 우리가

믿음이 없이는 기쁘시게 못하나니 하나님께 나아가는 자는 반드시 그가 계신 것과 또한 그가 자기를 찾는 자들에게 상 주시는 이심을 믿어야 할지니라

[문맥성경]

6 기쁘시게   **못하나니**
                  /믿음이 없이는

       //(이유: γαρ, for)
          나아가는 자는---반드시 믿어야 할지니라
          /하나님께   /그가---계신 것과
                            /그가---또한 상 주시는 이심을
                                  /찾는 자들에게
                                        /자기를

[문맥설고 틀]

주제: **믿음으로 기쁘게 하자**

1. 믿음으로 기쁘게 해야 하는 이유는 무엇입니까?

   : 하나님께 나아가는 자는 반드시 믿어야하기 때문

2. 반드시 믿어야 하는 내용은 무엇입니까?:

   1) 그가 계신 것을 믿어야 함
   2) 그가 자기를 찾는 자들에게 상주시는 이심을 믿어야 함

[설교노트]

PAGE/

DATE/

심방주제: 믿음의 상
성도상황: 믿음의 성장이 없는 성도에게
찬 송 가: 357장(주 믿는 사람 일~), 542장(구주 예수 의지함이)
C. C. M: 오직 믿음으로, 밤이나 낮이나

159

I-11   막 6:7

열두 제자를 부르사 둘씩 둘씩 보내시며 더러운 귀신을 제어하는 권세를
주시고

[문맥성경]

7 **부르사**
  /열두 제자를
  보내시며
  /[그들을]
  /둘씩 둘씩
  주시고
  /[그들에게]
  /권세를
    /귀신을 제어하는
    /더러운

[문맥설교 틀]

주제: **예수님께서 보내셨다**

1. 예수님께서 누구를 보내셨습니까?
 1) 열두 제자를 보내셨음

2. 예수님께서 어떻게 보내셨습니까?
 1) 둘씩 둘씩 보내셨음

3. 예수님께서 제자들에게 무엇을 주시며 보내셨습니까?
 1) 더러운 귀신을 제어하는 권세를 주시며 보내셨음

심방주제: 파송

성도상황: 보냄 받는 성도에게

찬 송 가: 519장(구주께서 부르되), 539장(너 예수께 조용히~)

C. C. M: 사명, 전능하신 나의 주 하나님

한번 죽는 것은 사람에게 정하신 것이요 그 후에는 심판이 있으리니

[문맥성경]

27 죽는 것은   **정하신 것이요**
　　/한 번   /사람에게
　　심판이   **있으리니**
　　　　　　　　　　/그 후에는

[문맥설교 틀]

주제: **죽음의 원리**

1. 하나님께서 정하신 죽음의 원리는 무엇입니까?
　1) 사람이 한번 죽는 것을 정하심

2. 누구에게 정하셨습니까?
　1) 사람에게 정하심

3. 정하신 결과는 무엇입니까?
　1) 죽음 이후에는 심판이 있다는 것

심방주제: 죽음

성도상황: 죽음에 대해서 받아들이지 못하는 성도에게, (장례예배)

찬 송 가: 180장(하나님의 나팔 소리), 175장(신랑 되신 예수께서)

C. C. M: 고대가(손양원), 여호와께 돌아가자

I-13   약 4:3

구하여도 받지 못함은 정욕으로 쓰려고 잘못 구함이니라

[문맥성경]

3 [너희가]   **구하여도(=구하고도)**
받지 못함은(=받지 못한다)

//(왜냐하면: διοτι, because)
[너희가]---잘못 구함이니라

//(목적:ἱνα, that … may)
[너희가]---정욕으로 쓰려고

[문맥 설교 틀]
주제: **하나님이 받지 못하는 기도**

1. 하나님이 받지 못하는 기도의 상황은 언제 입니까?
: 너희가 구하려고 할 때

2. 하나님이 받지 못하는 기도의 이유는 무엇입니까?
: 너희(성도)가 잘못 구하기 때문

3. 성도가 잘못 구하는 목적은 무엇입니까?
: 너희(성도)가 정욕으로 쓰려고 구함

심방주제: 기도 응답

성도상황: 응답을 구하는 성도에게

찬 송 가: 366장(어두운 내 눈 밝히사), 342장(너 시험을 당해)

C. C. M: 어머니의 기도, 기도할 수 있는데

I-14   고전 4:2

그리고 맡은 자들에게 구할 것은 충성이니라

[문맥성경]

그리고
구할 것은   **충성이니라**
 /맡은 자들에게

[문맥성경 틀]
주제: **충성**

1. **무엇을** 구해야 합니까? 충성을 구해야 함

2. **누가** 구해야 합니까? 맡은 자들이 구해야 함

3. **충성은 어떻게** 얻어지는 것입니까? 구해야 얻어지는 것임

심방주제: 충성(직분자)

성도상황: 직분을 맡은 성도에게

찬 송 가: 595장(나 맡은 본분은), 333장(충성하라 죽도록)

C. C. M: 갈릴리 마을 그 숲속에서, 사명

만물의 마지막이 가까이 왔으니 그러므로 너희는 정신을 차리고
근신하여 기도하라

[문맥성경]

마지막이   **가까왔으니**
　/만물의

그러므로(ouv)
너희는   **정신을 차리고**
                근신하여(=근신하라)
                　/기도하라(=기도를 위해)

[문맥성경 틀]

주제: **너희는　근신하라**

1. 근신해야 하는 목적은 무엇입니까?

   : 기도를 위해 근신해야 함

2. 어떻게 근신해야 합니까?

   : 너희는 정신을 차리고 근신해야 함

3. 왜 근신해야 합니까?

   : 만물의 마지막이 가까이 왔기 때문

심방주제: 준비, 임종예배

성도상황: 마지막을 준비하지 않는 성도에게

찬 송 가: 175장(신랑되신 예수께서), 180장(하나님의 나팔소리)

C. C. M: 주님 다시 오실 때까지, 마라나타

누구든지 이 음란하고 죄 많은 세대에서 나와 내 말을 부끄러워하면 인자
도 아버지의 영광으로 거룩한 천사들과 함께 올 때에 그 사람을 부끄러워
하리라

[문맥성경]

```
누구든지──부끄러워하면
              (조건절, whoever)
              /나와 내 말을
              /세대에서
               /이
               /음란하고
               /죄 많은
인자도───  올 때에(상황절, when)
              /영광으로
              /[그의] 아버지의
              /천사들과 함께
              /거룩한
     └───부끄러워하리라
              /그 사람을
```

[문맥설교 틀]

주제: **주님이 부끄러워하는 자**

1. 주님은 누구를 부끄러워하십니까?
 : 내 말(하나님의 말씀)을 음란하고 죄 많은 이 세대에서 부끄러워하는 자를

2. 언제 부끄러워하십니까?
 1) 인자가 아버지의 영광으로 오실 때에 부끄러워 하심
 2) 거룩한 천사들과 함께 오실 때에 부끄러워 하심

3. 하나님의 말씀을 부끄러워하는 자의 결말은 무엇입니까?
 : 주님도 그 사람을 부끄러워하심

심방주제: 부끄러운 인생
성도상황: 자기 멋대로 살아가는 성도에게
찬 송 가: 246장(나 가난 복지 귀~), 528장(예수가 우리를 부~)
C. C. M: 죄 많은 이 세상은, 세상에서 방황할 때

171

I-17 딤후 4:7

내가 선한 싸움을 싸우고 나의 달려갈 길을 마치고 믿음을 지켰으니

[문맥성경]

7 내가   **싸우고**
        /선한 싸움을
        마치고
        /(나의) 달려갈 길을
        지켰으니
        /믿음을

[문맥설고 틀]

주제: **바울이 남긴 인생사**

1. 선한 싸움을 싸웠다.
: 우리도 선한 싸움의 흔적을 남기자.

2. 달려갈 길을 마쳤다.
: 우리도 달려갈 사명의 길을 책임감 있게 마치자.

3. 믿음을 지켰다.
: 우리도 믿음의 삶을 남기자.

심방주제: 성도의 삶(인생사)

성도상황: 신앙의 인생사를 남기자. 목표가 뚜렷하지 못한 성도에게

찬 송 가: 597장(이전에 주님을 내가~), 436장(나 이제 주님의~)

C. C. M: 이제 내가 살아도, 나의 남은 생애는

내가 그리스도와 함께 십자가에 못 박혔나니 그런즉 이제는 내가 사는 것
이 아니요 오직 내 안에 그리스도께서 사시는 것이라 이제 내가 육체 가운
데 사는 것은 나를 사랑하사 나를 위하여 자기 자신을 버리신 하나님의 아
들을 믿는 믿음 안에서 사는 것이라

[문맥성경]

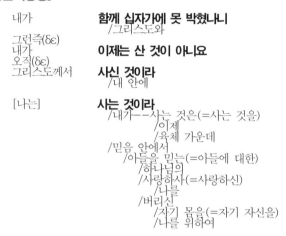

[문맥설교 틀]

주제: 내가 살아가는 이유?

1. 내가 그리스도와 함께 십자가에 못 박혔기 때문
2. 내 안에 내가 산 것이 아닌 그리스도께서 살아있기 때문
3. 내가 어디서 살아갑니까? : 아들을 믿는 믿음 안에서
4. 아들을 세 가지로 설명해보면 무엇입니까?
 1) 하나님의 아들
 2) 나를 사랑하신 아들
 3) 나를 위하여 자기 몸을 버리신 아들

심방주제: 주와 동행

성도상황: 그리스도와 함께 살아가지 못하는 성도에게

찬 송 가: 430장(주와 같이 길 가~), 435장(나의 영원하신 기업)

C. C. M: 나의 가는 길, 주는 완전합니다

I-19   막 9:23

예수께서 이르시되 할 수 있거든이 무슨 말이냐 믿는 자에게는 능히
하지 못할 일이 없느니라 하시니

[문맥성경]

예수께서   **이르시되(**...하시니)
                    /[그에게]
                    /할 수 있거든 이 무슨 말이냐
                    [모든 것이] --- 능치 못할 일이 없느니라(=가능하니라)
                                      /믿는 자에게는

[문맥설교 틀]

주제: **믿음의 능력**

1. 믿음의 능력이 누구에게 필요합니까?
   : 주님께 조건을 다는(의심하는) 사람에게 필요함

2. 믿음의 능력을 얻는 방법은 무엇입니까?
   : 할 수 있거든이라 말하지 말아야 함(의심하지 말라)

3. 믿음의 능력을 받은 결과는 무엇입니까?
   : 모든 것이 믿는 자에게는 능히 하지 못할 일이 없게 됨

심방주제: 믿음의 능력

성도상황: 의심 하는 성도에게

찬 송 가: 365장(마음속에 근심 있~), 363장(내가 깊은 곳에서)

C. C. M: 할 수 있다 하신 이는, 주를 처음 만난 날(김석균)

아브라함이 그 땅 이름을 여호와이레라 하였으므로 오늘까지 사람들이
이르기를 여호와의 산에서 준비되리라 하더라

[문맥성경]

14 아브라함이　　　**하였으므로**
　　　　　　　　　/그 땅 이름을
　　　　　　　　　/여호와이레라

　　　//(결과)
　　　　　사람들이---이르기를...하더라
　　　　　　　　　/여호와의 산에서 준비되리라
　　　　　　　　　/오늘까지

[문맥설고 틀]

주제: **아브라함이 한 일**

1. 아브라함은 무엇을 하였습니까?
　: 그 땅 이름을 지었음

2. 그 땅 이름을 무엇이라 지었습니까?
　: ‘여호와 이레’ 라고 이름 지었음

3. 여호와 이레라 이름 붙인 결과는 무엇입니까?
　: 사람들이 오늘까지 ‘여호와의 산에서 준비되리라’ 고 말함

심방주제: 돌, 개업, 축하

성도상황: 백일이나 돌 예배, 성도의 개업예배 때에

찬 송 가: 435장(나의 영원하신 기업), 93장(예수는 나의 힘이요)

C. C. M: 주님 내길 예비하시니, 여호와 이레 채우시네

내게 이르시기를 내 은혜가 네게 족하도다 이는 내 능력이 약한 데서 온전하
여짐이라 하신지라 이러므로 도리어 크게 기뻐함으로 나의 여러 약한 것들에
대하여 자랑하리니 이는 그리스도의 능력으로 내게 머물게 하려 함이라

[문맥성경]

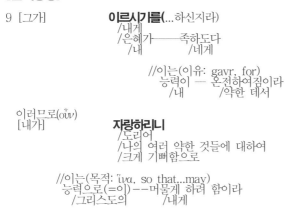

9 [그가]   **이르시기를(**...하신지라)
                /내게
                /은혜가———족하도다
                /내   /네게

                    //이는(이유: gavr, for)
                        능력이 ── 온전하여짐이라
                        /내   /약한 데서

        이러므로(οὖν)
        [내가]   **자랑하리니**
                    /도리어
                    /나의 여러 약한 것들에 대하여
                    /크게 기뻐함으로

        //이는(목적: ἵνα, so that...may)
            능력으로(=이)--머물게 하려 함이라
            /그리스도의   /내게

[문맥설교 틀]
제목: 나의 자랑거리

1. **나는 언제 자랑합니까?** :주님이 내 은혜가 네게 족하도다라고 말씀하실 때
  1) 족한 이유는 무엇입니까? : 내 능력이 약한 데서 온전하여지기 때문

2. **나는 무엇을 자랑합니까?** : 나의 여러 약한 것들에 대하여 자랑함

3. **나는 어떻게 자랑합니까?** : 크게 기뻐함으로 자랑함

4. **내가 자랑하는 목적은 무엇입니까?**
  : 그리스도의 능력이 내게 머물게 하기 위해서 자랑함

_____
_____
_____
_____
_____
_____
_____
_____
_____
_____
_____
_____
_____
_____
_____

심방주제: 그리스도인의 자랑거리

성도상황: 자신이 약하다고 생각되는 성도에게

찬 송 가: 337장(내 모든 시험 무거운~), 413장(내 평생에 가는~)

C. C. M: 약할 때 강함 되시네, 내 안에 사는 이

I-22   고전 10:31

그런즉 너희가 먹든지 마시든지 무엇을 하든지 다 하나님의 영광을
위하여 하라

[문맥성경]

31 그런즉
　　너희가　　　　먹든지
　　　　　　　　　마시든지
　　　　　　　　　하든지(whether)
　　　　　　　　　　/무엇을

　　[너희는]　　　**하라**
　　　　　　　　　/다

　　　　//(목적: εις + 목적격)
　　　　　하나님의 영광을 위하여

[문맥설교 틀]
제목: 너희는 하나님의 영광을 위하여 살라

1. 언제 이렇게 살아야 합니까?

　1) 너희가 먹을 때

　2) 너희가 마실 때

　3) 너희가 무엇을 하든지

182

심방주제: 성도의 삶

성도상황: 개업이나 새로운 일을 시작하는 성도에게

찬 송 가: 435장(나의 영원하신 기업), 384장(나의 갈 길 다 가도록)

C. C. M: 원하고 바라고 기도합니다. 내 주를 인하여

돈을 사랑치 말고 있는 바를 족한 줄로 알라 그가 친히 말씀하시기를 내가
과연 너희를 버리지 아니하고 과연 너희를 떠나지 아니하리라 하셨느니라

[문맥성경]

5 [성품이]   **돈을 사랑치 말고**
                    족한 줄로 알라
                     /있는 바를

          //(이유: γάρ, for)
             그가――친히 말씀하시기를...하셨느니라
                    /내가――과연 버리지 아니하고
                               /너희를
                          과연 떠나지 아니하리라
                               /너희를

[문맥설고 틀]

주제: **있는 것을 족한 줄로 알라**

1. 있는 것을 족한 줄로 알아야 하는 이유는 무엇입니까?
 : 친히 말씀하셨기 때문에

2. 친히 말씀하신 내용은 무엇입니까?
 1) 내가 과연 너희를 버리지 아니하리라
 2) 내가 과연 너희를 떠나지 아니하리라

3. 있는 것을 족한 줄로 아는 성품은 어떻게 갖게 됩니까?
 : 돈을 사랑하지 않으면 갖게 됨

심방주제: 족한 줄로 아는 성품

성도상황: 족한 줄 모르고 돈을 사랑하는 성도에게

찬 송 가: 85장(구주를 생각만~), 369장(죄짐 맡은 우리 구주)

C. C. M: 주 사랑이 나를 숨 쉬게 해, 하나님은 너를 만드신 분

하나님의 약속은 얼마든지 그리스도 안에서 예가 되니 그런즉 그로 말미암
아 우리가 아멘 하여 하나님께 영광을 돌리게 되느니라

[문맥성경]

20 //(이유: γαρ, for)
　　　　약속은　　　**얼마든지 예가 되니**
　　　　　/하나님의　　　/그리스도 안에서

　　　　　　//그런즉(결과: διο,, for this reason)
　　　　　　　아멘 하여(=으로)－－－영광을 돌리게 되느니라
　　　　　　　/우리가(=에 의한)　　　/하나님께
　　　　　　　　　　　　　　　　　　/그로 말미암아

[문맥설고 틀]

주제: 하나님의 약속은 그대로 '예스'가 됨

1. 하나님의 약속은 어디에서 '예'가 됩니까?
　: 그리스도 안에서 '예'가 됨

2. 하나님의 약속이 '예'가 되는 방법은 무엇입니까?
　: 우리가 하는 '아멘'으로 '예'가 됨

3. 하나님의 약속이 '예'가 된 결과는 무엇입니까?
　: 아멘한 우리로 인해 하나님께 영광을 돌리게 됨

심방주제: 아멘의 삶

성도상황: 항상 'NO' 하는 성도에게

찬 송 가: 549장(내 주여 뜻대로), 458장(너희 마음에 슬픔이~)

C. C. M: 모든 상황 속에서, 너 어디 가든지

I-25   고전 15:2

너희가 만일 나의 전한 그 말을 굳게 지키고 헛되이 믿지 아니하였으면
이로 말미암아 구원을 얻으리라

[문맥성경]

```
 2 만일
    너희가          굳게 지키고
                      /그 말을
                        /나의 전한
                    믿지 아니하였으면
                      /헛되이

    [너희개]      구원을 얻으리라
                    /이로 말미암아
```

[문맥설고 틀]

주제: 구원을 얻는 방법

1. 너희가 나의 전한 그 말을 굳게 지키면

2. 너희가 헛되이 믿지 아니하면

3. 이로 말미암아 구원을 얻는다

심방주제: 구원의 방법

성도상황: 구원의 방법을 모르는 성도에게

찬 송 가: 521장(구원으로 인도하는), 520장(듣는 사람마다 복음~)

C. C. M: 전능하신 나의 주 하나님은, 하나님이시여

지극히 작은 것에 충성된 자는 큰 것에도 충성되고 지극히 작은 것에
불의한 자는 큰 것에도 불의하니라

[문맥성경]

10 충성된 자는	**충성되고**
/작은 것에	/큰 것에도
/지극히	
불의한 자는	**불의하니라**
/작은 것에	/큰 것에도
/지극히	

[문맥설교 틀]

주제: **충성된 자**

1. 누가 충성된 자입니까?

: 지극히 작은 것에 충성된 자가 충성된 자임

2. 지극히 작은 것에 충성된 자의 결과는 무엇입니까?

: 큰 것에도 충성됨

3. 누가 불의한 자입니까?

: 지극히 작은 것에 불의한 자임

4. 지극히 작은 것에 불의한 자의 결과는 무엇입니까?

: 큰 것에도 불의하게 됨

심방주제: 충성된 종

성도상황: 작은 일에 충성하지 못하는 성도에게

찬 송 가: 333장(충성하라 죽도록), 352장(십자가 군병들아)

C. C. M: 갈릴리 마을 그 숲속에서, 주의 손에 나의 손을 포개고

I-27   히 12:1

이러므로 우리에게 구름 같이 둘러싼 허다한 증인들이 있으니 모든 무거운 것과
얽매이기 쉬운 죄를 벗어 버리고 인내로써 우리 앞에 당한 경주를 경주하며

[문맥성경]
이러므로
<우리가>   **벗어버리고(=벗어버리자)**
                /무거운 것과
                    /모든
                죄를
                    /얽매이기 쉬운
                경주하며
                    /경주를
                        /우리 앞에 당한
                    /인내로써

        //(이유: 분사)
            우리에게(가)──증인들이 있으니
                        /허다한
                        /구름같이 둘러싼

[문맥설교 틀]
주제: **성도의 경주**

1. 성도는 무엇을 경주해야 합니까?
  : 우리 앞에 당한 경주를 경주해야 함

2. 성도는 어떻게 경주해야 합니까?
  1) 인내로써 경주해야 함
  2) 모든 무거운 것을 벗어 버리고 경주해야 함
  2) 얽매이기 쉬운 죄를 벗어 버리고 경주해야 함

3. 성도가 경주해야 하는 이유는 무엇입니까?
  : 우리에게 구름같이 둘러싼 허다한 증인들이 있기 때문

심방주제: 성도의 경주

성도상황: 꾸준히 달려가지 못하는 성도에게

찬 송 가: 85장(구주를 생각만 해도), 359장(천성을 향해 가는~)

C. C. M: 오직 주만 따르리, 내가 주인 삼은

I-28   삼상 1:11

서원하여 가로되 만군의 여호와여 만일 주의 여종의 고통을 돌아보시고 나를 생각하시고 주의 여종을 잊지 아니하사 아들을 주시면 내가 그의 평생에 그를 여호와께 드리고 삭도를 그 머리에 대지 아니하겠나이다

[문맥성경]

[한나가]   **서원하여**
             가로되
               만군의 여호와여!
               만일
               [당신이] ---고통을 돌아보시고
                           /주의 여종의
                     ---나를 생각하시고
                     ---주의 여종을 잊지 아니하사
                     ---아들을 주시면(if)
               내가---그를 여호와께 **드리고**
                         /그의 평생에
                   삭도를 대지 **아니하겠나이다**
                         /그 머리에

[문맥설고 틀]

주제: **서원기도**

1. 서원기도의 내용은 무엇입니까?
   1) 아들을 주세요 (하나님께 바라고 원하는 것을 기도)
   2) 당신이 주의 여종의 고통을 돌아보소서
      (서원기도의 자세 -고통스러운 나를 돌아보소서, 간청하며 기도)

2. 서원기도의 결과는 무엇입니까?
   : (서원기도는 하나님과의 약속으로 꼭 지켜야 됨)
   1) '내가 그의 평생에 여호와께 드리겠습니다' 라는 약속을 지켜야 함
      ('하나님을 경외하는 자로 만들겠습니다' 라는 약속)
   2) '내가 그 머리에 삭도를 대지 아니하겠습니다' 라는 약속을 지켜야 함
      ('이방풍습을 따르지 않게 하겠습니다' 라는 약속)

심방주제: 서원기도

성도상황: 무작정 하나님께 달라고만 하는 성도에게

찬 송 가: 364장(내 기도하는 그~), 539장(너 예수께 조용히 나가)

C. C. M: 어머니의 기도, 나의 맘 받으소서

아들을 믿는 자는 영생이 있고 아들을 순종치 아니하는 자는 영생을
보지 못하고 도리어 하나님의 진노가 그 위에 머물러 있느니라

[문맥성경]

36	믿는 자는	**있고(=소유하고)**
	/아들을	/영생이 (=을)
	순종치 아니하는 자는	**보지 못하고**
	/아들을(=에게)	/영생을
	도리어	
	진노가	**머물러 있느니라**
	/하나님의	/그 위에

[문맥설교 틀]

주제: **믿음의 순종**

1. 누구에게 순종해야 합니까?

　1) 아들(예수님)에게 순종해야 함

2. 순종의 결과는 무엇입니까? : 영생을 소유하게 됩니다

3. 불순종의 결과는 무엇입니까?

　1) 영생을 보지 못함

　2) 하나님의 진노가 그 위에 머물러 있음

[설교노트]

PAGE/

DATE/

심방주제: 믿음의 순종

성도상황: 믿음으로 순종하지 못하는 성도에게

찬 송 가: 218장(네 맘과 정성을~), 288장(예수로 나의 구주~)

C. C. M: 너 어디가든지 순종하라, 오직 믿음으로

197

시험을 참는 자는 복이 있도다 이것에 옳다 인정하심을 받은 후에 주께서
자기를 사랑하는 자들에게 약속하신 생명의 면류관을 얻을 것임이니라

[문맥성경]

참는 자는   **복이 있도다**
　/시험을

　　　　//(이유: ὅτι)
　　　　　　[그가] ---얻을 것임이니라
　　　　　　　　　　/면류관을
　　　　　　　　　　/생명의
　　　　　　　　　　/약속하신
　　　　　　　　　　　/주께서
　　　　　　　　　　　/자기를 사랑하는 자들에게
　　　　　　　　/이것에 옳다 인정하심을 받은 후에

[문맥설교 틀]

주제: **시험을 참는 자가 복이 있다**

1. 시험을 참는 자가 복이 있는 이유는 무엇입니까?

   : 주께서 자기를 사랑하는 자들에게 약속하신 생명의 면류관을 얻기 때문

2. 시험을 참는 자가 복이 있는 두 번째 이유는 무엇입니까?

   : 이것에(시험을 참는 것) 옳다 인정하심을 받기 때문

심방주제: 시험

성도상황: 시험을 참지 못하는 성도에게

찬 송 가: 325장(예수가 함께 계~), 25장(면류관 벗어서)

C. C. M: 주 곁에 설 때까지, 세상의 유혹의 시험

네가 장차 받을 고난을 두려워 말라 볼지어다 마귀가 장차 너희 가운데서
몇 사람을 옥에 던져 시험을 받게 하리니 너희가 십 일 동안 환난을 받으
리라 네가 죽도록 충성하라 그리하면 내가 생명의 면류관을 네게 주리라

[문맥성경]

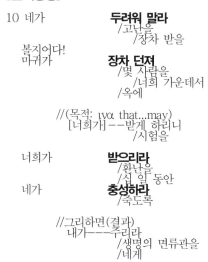

10 네가   **두려워 말라**
　　　　　　　　/고난을
　　　　　　　　　/장차 받을
　볼지어다!
　마귀가   **장차 던져**
　　　　　　　　/몇 사람을
　　　　　　　　　/너희 가운데서
　　　　　　　/옥에

　　　//(목적; ινα that...may)
　　　　　[너희가]--받게 하리니
　　　　　　　/시험을

　너희가   **받으리라**
　　　　　　　/환난을
　　　　　　　/십 일 동안
　네가   **충성하라**
　　　　　　　/죽도록

　　//그리하면(결과)
　　　내가---주리라
　　　　　/생명의 면류관을
　　　　　/네게

[문맥설교 틀]

주제: **장차 받을 고난을 두려워 말라**

1. 고난을 허락하신 목적은 무엇입니까?
   : 너희가 시험을 받게 하려고 (신앙의 강화를 위해 시련을 주심)
2. 고난을 대하는 자세는 어떠해야 합니까?
   : 네가 죽도록 충성해야 함 (죽기까지 신실해야 함)
3. 죽도록 충성하는 자에게 주어지는 결과는 무엇입니까?
   : 생명의 면류관을 주심 (생명책에 기록되어짐)

심방주제: 고난

성도상황: 고난으로 인하여 두려워하는 성도에게

찬 송 가: 337장(내 모든 시험 무~), 341장(십자가를 내가 지고)

C. C. M: 나는 아무 것도 아닙니다. 아무것도 두려워 말라

네가 만일 네 입으로 예수를 주로 시인하며 또 하나님께서 그를 죽은 자 가운데서 살리신 것을 네 마음에 믿으면 구원을 얻으리니

[문맥성경]

```
 9 //(이유: οτι, because)
      만일(εαν)
      네가---시인하며
              /예수를 주로
              /네 입으로
        ---또 믿으면(조건절, if)
              /네 마음에
              /하나님께서--살리신 것을
                          /그를
                          /죽은 자 가운데서
          구원을 얻으리니
```

[문맥설교 틀]

주제: **구원을 얻는 조건**

1. 네가 시인한다면
1) 예수를 주로 시인함
2) 네 입으로 시인함

2. 네가 믿는다면
1) 네 마음에 믿음
2) 하나님께서 죽은 자 가운데서 예수님을 살리신 것을 믿음

심방주제: 구원의 조건

성도상황: 구원의 확신이 필요한 성도에게

찬 송 가: 357장(주 믿는 사람 일~), 298장(속죄하신 구세주를)

C. C. M: 나 주의 믿음 갖고, 날 구원하신 주 감사

I-33   빌 4:9

너희는 내게 배우고 받고 듣고 본 바를 행하라 그리하면 평강의
하나님이 너희와 함께 계시리라

[문맥성경]

```
  너희는        행하라
                /[이것들을]
                /[너희개]---배우고
                       ---받고
                       ---듣고
                       ---본 바를
                            /내게
          //그리하면(결과)
            하나님이---너희와 함께 계시리라
             /평강의
```


[문맥설교 틀]

주제: 너희는 행하라

1. 무엇을 행해야 합니까?

 1) 너희가 배운 것을 행해야 함
 2) 너희가 받은 것을 행해야 함
 3) 너희가 들은 것을 행해야 함
 4) 너희가 내게서 본 바를 행해야 함

2. 행한 결과는 무엇입니까?
 : 평강의 하나님이 너희와 함께 계시리라

204

심방주제: 순종

성도상황: 말씀대로 순종하지 못하는 성도에게

찬 송 가: 455장(주님의 마음을 본~), 371장(구주여 광풍이 불어)

C. C. M: 하나님은 너를 만드신 분, 내가 주인 삼은 모든 것~

사람이 마음으로 믿어 의에 이르고 입으로 시인하여 구원에 이르느니라

[문맥성경]

10 //(이유: γάρ, for)
　　사람이　　　**믿어**
　　　　　　　/마음으로

　　　　//(결과: εἰς + 목적격, resulting)
　　　　의에 이르고

　　[그가]　　　**시인하여**
　　　　　　　/입으로

　　　　//(결과: εἰς + 목적격, resulting)
　　　　구원에 이르느니라

[문맥설교 틀]

주제: **구원의 여정**

1. 사람이 마음으로 믿습니다.

2. 의에 이르게 됩니다.

3. 그가 입으로 시인하게 됩니다.

4. 구원에 이르게 됩니다.

심방주제: 구원의 여정

성도상황: 초신자와 구원의 여정을 모르는 성도에게

찬 송 가: 250장(구주의 십자가 보혈로), 542장(구주예수 의지함이)

C. C. M: 나는 믿음으로, 오직 믿음으로

내가 이미 얻었다 함도 아니요 온전히 이루었다 함도 아니라 오직
내가 그리스도 예수께 잡힌 바 된 그것을 잡으려고 좇아가노라

[문맥성경]

12 내가 얻었다 함도 **아니요**
　　/이미
　　이루었다 함도　　**(아니라)**
　　/온전히
　　오직
　　내가　　　　　　**좇아가노라**
　　　　　　　　　　/잡힌 바 된 그것을
　　　　　　　　　　/그리스도 예수께

　　　　//(목적: εἰ+ 가정법, in order that)
　　　　[내가]———잡으려고

[문맥설교 틀]

주제: **좇아가는 삶**

1. 무엇을 좇아가야 합니까?

　: 그리스도 예수께 잡힌 바 된 그것을 좇아가야 함

2. 좇아가야 하는 목적은 무엇입니까?

　: 내가 잡으려고 좇아감

3. 좇아가는 방법은 무엇입니까?

　1) 내가 이미 얻었다고 말하지 않으면서 좇아감

　2) 온전히 이루었다고 말하지 않으면서 좇아감

심방주제: 성도의 삶
성도상황: 예수를 따라가는 삶을 살지 못하는 성도에게(교만)
찬 송 가: 323장(부름받아 나선~) 528장(예수가 우리는 부~)
C. C. M: 사명, 너의 푸른 가슴속에

그러므로 믿음은 들음에서 나며
들음은 그리스도의 말씀으로 말미암았느니라

[문맥성경]

17 그러므로(ἄρά)
　믿음은
　들음은
　　　　　　　들음에서 나며
　　　　　　　말씀으로 말미암았느니라
　　　　　　　/그리스도의

[문맥설고 틀]

주제: **믿음의 과정**

1. 믿음은 들음에서 납니다

2. 들음은 그리스도의 말씀을 통해서 말미암게 됩니다

심방주제: 믿음

성도상황: 믿음이 말씀에서 시작되는 것을 모르는 성도에게

찬 송 가: 351장(믿는 사람들은 군병~), 288장(예수로 나의 구~)

C. C. M: 오직 믿음으로, 은혜로다

평안을 너희에게 끼치노니 곧 나의 평안을 너희에게 주노라 내가 너희에게
주는 것은 세상이 주는 것 같지 아니하니라 너희는 마음에 근심도 말고 두
려워하지도 말라

[문맥성경]

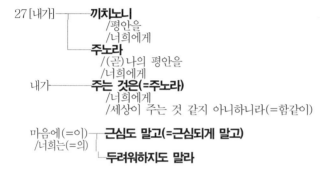

[문맥설교 틀]

주제: **주님이 주시는 평안**

1. 주님이 주시는 평안은 어떤 평안입니까?

  1) 주님의 평안

  2) 세상이 주는 것과 다른 평안

2. 평안을 받은 결과는 무엇입니까?

  1) 너희는 마음에 근심되게 말라

  2) 너희는 두려워하지도 말라

심방주제: 주의 평안

성도상황: 근심과 두려움에 사로잡힌 성도에게

찬 송 가: 327장(주님 주실 화평), 482장(참 즐거운 노래를)

C. C. M: 평안을 너에게 주노라, 요게벳의 노래

그 안에 거하는 자마다 범죄하지 아니하나니 범죄하는 자마다 그를
보지도 못하였고 그를 알지도 못하였느니라

[문맥성경]

 6 거하는 자   **범죄하지 아니하나니**
   /그 안에
   /마다(=모든)

   범죄하는 자   **보지도 못하였고**
     /마다(=모든)   /그를
           알지도 못하였느니라
            /그를

[문맥설교 틀]

주제: **죄 짓지 맙시다**

1. 주 안에 거하는 모든 자는 죄를 지면 안됩니다.

2. 범죄하는 자의 결과는 무엇입니까?

  1) 주를 보지 못함

  2) 주를 알지도 못하는 자임

심방주제: 범죄

성도상황: 죄 때문에 고민하는 성도에게

찬 송 가: 342장(너 시험을 당해 범~), 423장(먹보다도 더 검은)

C. C. M: 내가 주인 삼은, 나 무엇과도 주님을

215

I-39   요 15:5

나는 포도나무요 너희는 가지라 그가 내 안에, 내가 그 안에 거하면 사람
이 열매를 많이 맺나니 나를 떠나서는 너희가 아무 것도 할 수 없음이라

[문맥성경]

```
5 나는──────────포도나무요
  너희는─────────가지니
  이 사람은────────맺나니
     /있으면(=있는)      /많이(=은)과실을
     /저가───내 안에
     /내가───저 안에

          //(이유: ὅτι, for)
            너희가───할 수 없음이라
                    /아무것도
                    /나를 떠나서는
```

[문맥설교 틀]

주제: **많은(풍성한) 과실을 맺는 삶**

1. 많은 과실을 맺는 조건은 무엇입니까?
 1) 예수님은 포도나무가 됨
 2) 우리는 가지가 됨

2, 어떻게 많은 과실을 맺을 수 있습니까?
 1) 예수님이 내 안에 있어야 함
 2) 내가 예수님 안에 있어야 함

3. 많은 과실을 맺는 이유는 무엇입니까?
 1) 왜냐하면 성도는 예수님을 떠나서는 아무것도 할 수 없기 때문

216

심방주제: 신앙의 열매

성도상황: 신앙에 열매가 없는 성도에게

찬 송 가: 93장(예수는 나의 힘이요), 95장(나의 기쁨 나의 소망~)

C. C. M: 너는 시냇가에 심은 나무라, 예수님은 생명의 참 포도나무

사무엘이 가로되 여호와께서 번제와 다른 제사를 그 목소리 순종하는 것을
좋아하심같이 좋아하시겠나이까 순종이 제사보다 낫고 듣는 것이 수양의
기름보다 나으니

[문맥성경]

22사무엘이 **가로되**
　　　　　/여호와께서── 좋아하시겠나이까?
　　　　　　　　　　　/번제와 다른 제사를
　　　　　　　　　　　/그 목소리 순종하는 것을 좋아하심같이
　　　　　/순종이────── 제사보다 낫고
　　　　　/듣는 것이── 수양의 기름보다 나으니

[문맥설고 틀]
주제: **하나님이 좋아하시는 것**

1. 그 목소리 순종하는 것을 좋아하심
　 : 번제와 다른 제사보다

2. 순종을 예배보다 더 좋아하심

3. 듣는 것을 수양의 기름(예물)보다 더 좋아하심

심방주제: 순종
성도상황: 순종을 주저하는 성도에게
찬 송 가: 312장(너 하나님께 이끌~), 425장(주님의 뜻을 이루~)
C. C. M: 너 어디 가든지, 찬양의 제사 드리며

제4부

부 록 편

한절문맥설교 활용

연습 본문: [빌 1:14]
형제 중 다수가 나의 매임을 인하여 주 안에서 신뢰하므로 겁 없이
하나님의 말씀을 더욱 담대히 말하게 되었느니라

[문맥성경]

```
14 //(결과: 계속, και)
      다수가 ―――――담대히(=용기를 내다)
     /형제 중          /말하게 되었느니라
     /주 안에서         (=말하는 것에, 부정사)
     /신뢰하므로        /하나님의 말씀을
     (=신뢰하는,분사)    /더욱
     /나의매임을 인하여   /겁없이
```

[문맥설고 틀]

주제: 담대해지자(=용기를 내자)

1. 누가 담대해 져야합니까?

 1) 주 안에서 형제 중 다수가 담대해져야 함

 2) 나의 매임을 인하여 신뢰하는 다수가 담대해 져야 함

2. 무엇에 담대해져야 합니까?: 하나님의 말씀을 말하는 것에 대하여

3. 어떻게 담대해져야 합니까?

 1) 더욱 담대해져야 함

 2) 겁 없이 담대해져야 함

심방주제: 담대함, 전도
성도상황: 담대함이 부족한 성도에게, 교회 중직자들을 대상으로
찬 송 가: 499장(흑암에 사는 백성들을 보라), 502장(빛의 사자들이여)
C. C. M: 아무것도 두려워 말라, 이것을 너희에게 이름은

단어연구:

①담대하다(τολμάω:톨마오): 담대하다는 말은 위험을 무릅쓰고서라도 용기를 내는 것이다. 흔히 다른 말로는 대담하다고 말할 수 있다. 이것은 겁이 없고 배짱이 두둑한 것이다. 즉 용감하게 행동하는 것이다.

②주 안에서: 주(κύριος퀴리오스)+안에서(ἐν엔) 주 안에서란 말은 우리에게 주인이 되신 예수 그리스도의 안에서란 말이다. 이것은 구체적으로 주인된 예수 그리스도에 의해서란 표현이다.

③매임(δεσμόν데스몬): 매임이라는 헬라어 데스몬(desmovn)은 죄수의 족쇄를 의미한다. 쇠사슬이다. 죄인을 묶어 놓은 것을 말한다. 즉 어디에 묶여 있는 것을 말한다.

④신뢰하는(πείθω:페이도): 신뢰하다는 헬라어 페이도(peivqw)는 내적 마음상태로 상대방에 대해서 확신하고 그의 모든 것을 동의하며 동의를 넘어서 의존하고 순종한다는 뜻이다. 한마디로 그 사람에 대한 신뢰를 확신한다는 것이다.

⑥말하는 것(λαλέω랄레오): 자신의 목소리를 내는 것, 이야기하는 것, 말(언어)라는 도구를 가지고 하나님의 뜻을 표현하여 전하는 것을 말한다.

⑦더욱(περισσοτέρως페릿소테로스): '더욱' 이라는 말은 지금까지 했던 것보다 '더 열심히' 라는 의미이다. 단어 본래의 의미에서는 '더욱 풍성하게, 더욱 많이, 더욱 크게, 더 큰 정도로, 더욱 진지하게, 더욱 심하게'를 의미한다.

⑧겁없이(ἀφόβως압호보스): 겁없다는 것은 두려움이 없다는 것, 무서워하지 않는다는 것이다. 용감하고 담대한 것을 말한다.

설교제목: 담대해지자

서론: 본문은 빌1:12-14을 같이 봐야 합니다. 특히 14절은 앞에 12절의 주문장에 결과절로 종속되어 있습니다. 바울은 자신이 당한(감옥) 일이 오히려 복음에 진보가 된 것을 빌립보 교회 성도들이 알아주기를 바라고 있습니다. 복음의 진보가 된 결과로 14절에 다수가 담대해졌다는 것입니다.

여기서 담대하다는 것은(tolmavw : 톨마오) 두려움이 없고 대담해 보이는 마음 상태를 말합니다. 그래서 담대한 사람은 겁이 없고 배짱이 두둑한 것입니다. 성도여러분, 우리는 **세상을 향해** 이런 배짱이 있어야 할 줄 믿습니다.
관주:[요일 3:21] 사랑하는 자들아 만일 우리 마음이 우리를 책망할 것이 없으면 하나님 앞에서 담대함을 얻고

1.누가 담대해져야 합니까?

 1) **첫째,** 주 안에서 형제가 된 우리가 담대해져야 합니다. 주 안에서 형제가 되었다는 것은 무엇을 의미하나요? 주 안에서란 말은 우리에게 주인이 되신 예수 그리스도의 안에서란 말입니다. 이것은 구체적으로 주인된 예수 그리스도에 의해서 란 표현입니다. 그러므로 예수로 말미암아 형제된 우리를 말합니다. 이것은 '성도'를 말하는 것입니다. 우리는 예수의 피를 나눈 형제자매입니다.
누가 담대해 져야 합니까? 그 첫 번째는 '성도'가 담대해져야 합니다.

 2) **둘째,** 나의 매임을 인하여 신뢰하는 다수가 담대해져야 합니다. 이것은 사도 바울이 감옥에 갇혀 있는 상태이지만 그것을 신뢰하는 형제들을 말합니다. 앞서 말한 성도의 범위가 보통적이라면 이것은 좀 더 구체적입니다.
매임이라는 헬라어 단어 데스몬(desmovn)은 죄수의 족쇄를 의미합니다. 쇠사슬입니다. 죄인을 묶어 놓는 것입니다. 생각해 보십시오. 묶여 있는 사람을 어떻게 신뢰할 수 있겠습니까? 감옥에 있는 것만으로도 신뢰가 가지 않습니다. 그런데 묶여 있습니다. 묶여 있는 사람이 뭘 할 수 있겠습니까? 그러나 이런 생각은 인간적인 생각에 불과하다는 것입니다. 신뢰하다는 페이도(peivqw)라는 단어는 내적 마음상태로 상대방에 대해서 확신하고 그의 모든 것을 동의하며 동의를 넘어서 의존하고 순종한다는 뜻까지 있는 것입니다. 한마디로 그 사람에 대해 확실히 신뢰하고 있다는 것입니다. 지

금 감옥에 갇혀 있는 바울에게 이런 무한한 신뢰는 보내는 사람은 누구입니까? 바로 바울의 최측근에 있는 디모데와 같은 동역자들입니다. 그러므로 누가 담대해 져야 합니까? 그 첫째는 예수 그리스도의 피를 나눈 형제 자매된 우리(성도) 요 관주:[막 3:35] 누구든지 하나님의 뜻대로 하는 자는 내 형제요 자매요 모친이니라 둘째는 바로 동역자들을 말하는 것입니다. 교회안에서 같이 일하는 사람들을 말합니다. 이들은 담대해져야 하는 것입니다.

2. 무엇에 대해서 담대해져야 할까요? 바로 하나님의 말씀을 말하는 것에 담대해지라고 합니다. 하나님의 말씀을 말하는 것을 한마디로 하면 무엇입니까?

하나님의 말씀은 로고스(Logos)라는 헬라어로 표현합니다만, 우리가 아는 한 기독교 안에서 하나님의 말씀이라고 하면 무엇을 말하는지 우리는 다 압니다. 바로 예수 그리스도이시고 또한 성경을 말하는 것입니다. 즉 예수님께서 선포하신 그 하나님의 말씀인 성경을 말하는 것에 담대해지라는 것입니다.

말하는 것은 자신의 목소리를 내어 소리를 내는 것입니다. 이것은 이야기하는것입니다. 말(언어)이라는 도구를 가지고 하나님의 뜻을 표현하여 전하는 것을 말합니다. 워낙 사람은 자신의 마음과 생각을 드러내기 위해서 말을 사용합니다. 그것을 언어표현이라고 합니다. 그런데 그것(언어표현)을 하나님의 말씀을 전하는 데 사용하라는 것입니다.

관주:[딤후 4:2] 너는 말씀을 전파하라 때를 얻든지 못 얻든지 항상 힘쓰라 범사에 오래 참음과 가르침으로 경책하며 경계하며 권하라

3. 어떻게 담대해 져야합니까? : '더욱' 과 '겁 없음' 입니다.
첫째, 더욱(περισσοτέρως:페릿소테로스) 담대해져야 합니다. '더욱' 이라는

말은 지금까지 했던 것보다 '더 열심히' 라는 의미가 있습니다. 단어 본래의 의미에서는 '더욱 풍성하게, 더욱 많이, 더욱 크게, 더 큰 정도로, 더욱 진지하게, 더욱 심하게'를 의미한다고 합니다. 여태까지 했던 것 어느 것보다 더 열심히, 더 풍성하게, 더 진지하게, 더 크게, 더 심하게 담대해지라는 것입니다.

두 번째, 겁없이(ἀφόβως:압호보스) 담대해져야 합니다. 겁없다는 것은 두려움이 없다는 것입니다. 즉 무서워하지 말고 용감히 그리고 담대하게 하나님 말씀을 전하라는 것입니다.

결론: 담대함을 말할 때 예수님께서 제자들에게 말씀하신 '너희는 왜 두려워하느냐?'(막6:30)를 생각해 봅니다. 두려움이란 단어는 믿음과 관계가 있습니다. 사람에겐 두려운 존재가 있으면 그것이 우상화가 될 가능성이 높습니다. 우리 안에 주인으로 온전한 그리스도가 계시다면 우리는 두려움을 떨쳐 버릴 수 있습니다. 온전히 담대해질 수 있는 것입니다.

관주: [요 16:33] 이것을 너희에게 이름은 너희로 내 안에서 평안을 누리게 하려 함이라 세상에서는 너희가 환난을 당하나 담대하라 내가 세상을 이기었노라 하시니라

온전한 담대함으로 세상을 이기는 성도 여러분 되시기를 주님의 이름으로 축원합니다. 아멘.

축도

부록으로 축도에 대해 다루는 것은 신학교과 목회 대학원에서 즉 목회자를 배출하는 곳에서 축도를 가르쳐 주지 않기 때문이다. 그저 선배나 멘토의 축도를 따라하는 것이 '축도'에 대한 정보가 다인 목회 현장에 조금이나마 도움이 되기를 바랍니다.

1. 축도의 유래(기원, 근거)
'축도'는 공식예배의 모든 순서를 마친 다음에 목사가 하나님을 대신하여 축복을 하는 것으로 그 유래는 초대 사도들로부터 시작되었다.

2. 사도들의 축도
* 사도 바울의 축도
(1) 예수 그리스도로 말미암아 영광이 세세무궁토록 있을지어다. 아멘. (롬16:27)
(2) 나의 사랑이 그리스도 예수의 안에서 너희 무리와 함께 할지어다. (고전16:24)
(3) 주 예수 그리스도의 은혜와 하나님의 사랑과 성령의 교통하심이 너희 무리와 함께 있을지어다. (고후13:13)
(4) 형제들아 우리 주 예수 그리스도의 은혜가 너희 심령에 있을지어다. 아멘. (갈6:18)
(5) 우리 주 예수 그리스도를 변함없이 사랑하는 모든 자에게 은혜가 있을지어다. (엡6:24)
(6) 주 예수 그리스도의 은혜가 너희 심령에 있을지어다. (빌4:23)
(7) 은혜가 너희에게 있을지어다. (골4:18)
(8) 우리 주 예수 그리스도의 은혜가 너희에게 있을지어다. (살전5:28)
(9) 우리 주 예수 그리스도의 은혜가 너희 무리에게 있을지어다. (살후3:18)
(10) 은혜가 너희와 함께 있을지어다. (딤전6:21)

(11) 은혜가 너희와 함께 있을지어다. (딤후4:22)

(12) 은혜가 너희 무리에게 있을지어다. (딛3:15)

(13) 우리 주 예수 그리스도의 은혜가 너희 심령과 함께 할지어다. (몬1:25)

(14) 은혜가 너희 모든 사람에게 있을지어다. (히13:25)

* 사도 베드로의 축도

(1) 그리스도 안에 있는 너희 모든 이에게 평강이 있을지어다. (벧전5:14)

(2) 오직 우리 주 곧 구주 예수 그리스도의 은혜와 저를 아는 지식에서 자라 가라 영광이 이제와 영원한 날까지 저에게 있을지어다. (벧후3:18)

* 사도 요한의 축도

(1) 평강이 네게 있을지어다. (계22:21)

(2) 주 예수의 은혜가 모든 자들에게 있을지어다. 아멘 (요삼1:15)

* 사도 유다의 축도

곧 우리 구주 홀로 하나이신 하나님께 우리 주 예수 그리스도로 말미암아 영광과 위엄과 권력과 권세가 만고 전부터 이제와 세세에 있을지어다. 아멘. (유1:25)

3. 사도들의 '축도'의 특징

(1) 사도들의 '축도'에는 일정한 양식이나 틀이 없다. 혹자는 고린도후서 13:13절을 축도의 오리지널(Original)이라고 하는데 축도 내용이 사도들마다 다르고 일정한 양식이 없기 때문에 오리지널 축도는 없다고 본다.

(2) 사도들의 축도 외에 다른 이가 축도한 사례는 성경에 없다. '축도'는 사도들만 한 것이다. 그러므로 축도 권은 지금의 사도격인 목사만 할 수 있는 것이다.

(3) '축도의 끝말'에 대해 성경은 한결같이 '함께 있을지어다.'로 되어 있으며 '함께 계실지어다'는 표현은 보이지 않는다. '함께 계실지어다 '라는

축도의 방식은 문법상에도 맞지 않는다. '축도'의 주격은 '은혜', '사랑', '감화 감동'이다. 이 주격은 추상명사(무인격)이므로 '계신다. 하신다.'라는 존칭동사를 사용해서는 안 된다. 혹 성부. 성자. 성령을 주격으로 사용할 때는 '계실지어다.' 혹은 '함께 하시기'를 축원합니다라고 해도 되지만 (딤후4:22) '은혜와, 사랑과, 감화 감동'을 주격으로 사용할 때는 반드시 '있을지어다'로 하든지 혹은 '함께 있기를 축원합니다.' 라고 해야 맞는 표현이다.

4. 한국 교회에서 행해지는 축도들

(1) 이제는 우리 주 예수 그리스도의 은혜와 하나님 아버지의 사랑과, 성령님의 감화, 감동 충만하심이(그 주의 설교말씀 요약) 이 자리에 모인 모든 성도들 머리 머리위에 이제로부터 영원히 함께 하시기를 간절히 축원하나이다. 아멘!

(2) 하나님 아버지의 무한하신 사랑과 날마다 우리를 승리케 하시는 성령님 역사가 사랑하는 성도들과 가족과 경영하는 생업위에 오늘 믿음의 새 가족이 되신 분 머리위에 영원토록 함께 있을지어다. 아멘

(3) 이제는 우리 구주 성자 예수 그리스도의 보혈에 의한 십자가 대속의 은혜와 성부 하나님의 형언키 어려운 영원무궁하고도 오묘한 구원의 섭리 및 주관하심과 우리 가운데 늘 역사하시어 슬프고 힘들 때 위로하시고 약하여 쓰러질 때 도와 일으키시며 우리의 구원과 행복과 축복의 성취를 위하여 동행하시는 성령님의 은혜가, 오늘 이 자리에서 하나님의 거룩한 뜻을 이루고 세계만방에 복음을 펼치기 위하여, 마음을 모아 계획하고 기도하며 나아가 충성하고자 하는 주님의 모든 종들에게, 진리 안에서 참된 복으로 영원 영원할지어다! 아멘

(4) 지금은 세상 끝날 까지 우리를 버리지 아니하시고 함께하시는 성자 예

수 그리스도의 은혜와 무한하신 하나님의 사랑하심과 우리를 진리 가운데로 인도하시는 성령의 감화와 감동하심과 교통하심이 이제로부터 영원히 함께 하시기를 간절히 축원하옵니다!

(5) 지금은 죄와 죽음에서 우리를 구원하시는 예수 그리스도의 은혜와 하늘과 땅을 지으시고 지금도 통치하시는 무한하신 하나님의 사랑과 성령의 감화와 감동하심과 교통하심이 이제로부터 영원히 함께 하심을 간절히 축원합니다.

(6) 지금은 죄와 죽음에서 우리를 구원하시는 예수 그리스도의 은혜와 하늘과 땅을 지으시고 지금도 통치하시는 무한하신 하나님의 사랑과 성령의 감화와 감동하심과 교통하심이 이제로부터 영원히 함께 하심을 간절히 축원합니다.

(7) 지금은 길과 진리요 생명이신 예수 그리스도의 은혜와 세상을 이처럼 사랑하사 독생자를 주신 하나님 아버지의 지극하신 사랑하심과 성령의 감화 감동하심과 새롭게 하심이 이제로부터 영원히 함께 하심을 간절히 축원하옵니다!

(8) 지금은 양을 위해 목숨을 바치신 예수 그리스도의 은혜와 하늘과 땅의 주인이신 지극하신 하나님 아버지의 사랑하심과 성령의 감화와 감동하심과 인도하심이 이제로부터 영원히 함께하심을 축원하나이다.

(9) 지금은 세상 끝날 까지 우리를 버리지 아니하시고 함께하시는 성자 예수 그리스도의 은혜와 무한하신 하나님의 사랑하심과 우리를 진리 가운데로 인도하시는 성령의 감화와 감동하심과 교통하심이 이제로부터 영원히 함께 하시기를 간절히 축원하옵니다!

(10) 지금은 주 예수 그리스도의 은혜와 하나님의 사랑과 성령의 감동 감화 교통하심이 지금부터 영원토록 함께 하실지어다. 아멘

(11) 주 예수 그리스도의 은혜와 하나님의 사랑과 성령의 교통 위로 충만하심이 말씀을 듣고 삶의 현장에서 이 말씀대로 순종하며 살고자 하는 00교회 모든 권속들에게 함께 있을지어다.

(12) 지금은 교회의 머리가 되시는 우리 주님 예수 그리스도의 은혜와 독생자를 아낌없이 우리에게 내어주신 아버지 하나님의 충만하신 사랑하심과 성령님의 감동 감화 교통 충만하신 은혜가 예배에 참여함 모든 성도들에게 지금부터 영원까지 함께 있을지어다. 아멘

(13) 이제 평안한 마음으로 세상에 돌아가십시오 선한 일에는 용기를 가지시며 악을 악으로 갚지 마십시오. 악에게 지지 말고 선으로 악을 이기십시오. 항상 연약한 자를 도우시며 병든 자를 찾아 보시며 힘든 자들의 좋은 이웃이 되십시오. 모든 일을 믿음과 사랑으로 행하시며 어떤 일에도 소망을 포기하지 마십시오. 있는 모습 그대로 거룩하신 성령께 순종하여 기쁨과 감사의 생활을 계속하십시오. 그리하면 우리 하나님 아버지께서는 항상 우리들을 도와주실 것입니다.

(14) 지금은 우리 주 예수 그리스도의 은혜와 하나님의 극진하신 사랑하심과 성령님의 감화, 감동, 내주, 위로, 교통하심이 오늘 말씀을 듣고 이번 한 주간도 승리하는 삶이되기를 다짐하는 오늘 여기 모이신 00교회 가족 모든 성도님들의 영육간의 건강하심과 가정, 사역, 일터, 학교… 머리 머리 위에 축복의 시간으로 모든 일에 평안과 형통으로 영원토록 함께 있을 지어다. 아멘

(15) 여호와는 네게 복을 주시고 너를 지키시기를 원하며 여호와는 그 얼

굴로 네게 비추사 은혜 베푸시기를 원하며 여호와는 그 얼굴을 네게로 향하여 드사 평강 주시기를 원하노라. (민 6:24-26)

지금은 우리 주 예수 그리스도의 은혜와 무한하신 하나님의 극진하신 사랑과 성령님의 감화 감동 역사 인도하심이 오늘 모여 예배드린 성도의 머리 머리 위에와 하나님의 교회 위에와 온 가정 위에 지금으로부터 영원히 함께 있을지어다. (고후 13:13)

**한절문맥설교
심방핸드북**

저자로 참여한 SBI(서울성경연구원) 간사들과 전국지부장을 소개합니다.

배동한 목사: 나라교회, SBI대표 (서울 서초)
박종원 목사: Even Church, MBA원장 (경기 용인)
박상도 목사: 영국 세필드한인교회
김호만 목사: 이령제일교회 (경남 함안)
이구형 목사: 미국 씨에틀 YWAM 성령의샘캠프 성경연구학교장
고동관 목사: 대암교회 (대구 달성)
오진홍 목사: 수원아름다운교회 (수원 권선)
김희정 간사: 주울타리교회 (경기 파주)
한희수 목사: 화천동산교회 (강원 화천)
조기철 간사: 토브 어페럴 (서울 도봉)
정예성 간사: 신반포교회 (서울 서초)
전제옥 목사: 우도교회 (통영 욕지도)
김철 선교사: C 국 선교사
강석길 목사: 예수사랑교회 (경기 동탄)
방동용 목사: 은혜그리스도교회 (전남 해남)
이후인 목사: 나라교회 (인천 남동)
송상윤 목사: 수원산정현교회 (수원 팔달)
정광용 목사: 말씀비전교회, 이바이블성경유통 (경기 김포)
이영숙 목사: 구원의방주교회 (경기 운정)
최진숙 목사: 가스펠하우스센터 (경기 일산)
조수민 목사: 예닮교회 (경기 광주)
양민식 목사: 캐나다 사역
이경숙 목사: 주님나라교회 (서울 은평)
김창길 목사: 회복교회 (서울 금천)
송승용 목사: 39.55전차대대 임마누엘교회 (경기 양주)
석 란 목사: 치유하는 중국인교회 (중국유학생 사역)
주경만 목사: 석남교회 (전북 고창)
이광형 목사: MBA미디어팀장 (서울 관악)
나청렬 목사: 평택 지부장
김기용 목사: 대전 지부장
권혁창 목사: 영동 지부장
이승익 목사: 전주 지부장
김동환 목사: 제주 지부장

MBA 하우스 사명 선언문 (설/치/전/문)

여호와께서 모세에게 이르시되 이것을 책에 기록하여 기념하게
하고 여호수아의 귀에 외워 들리라 [출 17:14]

우리는 하나님의 뜻을 책에 아로새기고 책을 보급하며 책을 통해
사역하여 이 땅에 기독교 문화를 심고 책을 통해 하나님나라를
넓혀 나가겠습니다.

1. **설**교를 가르치겠습니다.
   ∟ 우리는 책을 통해 주님의 말씀(설교)을 올바로 가르치겠습니다.
2. **치**유 하겠습니다.
   ∟ 우리는 책을 통해 사람을 치유(회복) 하겠습니다.
3. **전**파 하겠습니다.
   ∟ 우리는 책을 통해 복음 전파의 사명을 끝까지 감당 하겠습니다.
4. **문**화를 세우겠습니다.
   ∟ 우리는 책을 통해 기독교 문화를 바로 세우겠습니다.

한 절 설 교
SBI문맥성경
심방핸드북

초판1쇄 펴낸날 2021년 9월 24일
지은이: 박종원
편낸이: 박종원
펴낸곳: MBA하우스
주 소: 서울 금천구 시흥동 992-12 B1
전 화: 010-8294-6332
등 록: 696-93-01705
ISBN: